北京教育丛书

雷洁琼 题

北京教育丛书

我对一幼的领导与管理

《北京教育丛书》编委会组织编写

冯惠燕 著

北京出版集团公司

北京出版社

图书在版编目（CIP）数据

我对一幼的领导与管理／冯惠燕著．— 北京：北京出版社，2018.6
（北京教育丛书）
ISBN 978-7-200-14078-1

Ⅰ.①我… Ⅱ.①冯… Ⅲ.①幼儿园—教育管理—经验—北京 Ⅳ.①G617

中国版本图书馆 CIP 数据核字（2018）第 093358 号

北京教育丛书
我对一幼的领导与管理
WO DUI YIYOU DE LINGDAO YU GUANLI
冯惠燕　著

*

北　京　出　版　集　团　公　司
北　京　出　版　社　　出版
（北京北三环中路 6 号）
邮政编码：100120

网　　　址：www.bph.com.cn
北京出版集团公司总发行
新　华　书　店　经　销
北京建宏印刷有限公司印刷

*

787 毫米 × 1092 毫米　16 开本　11.25 印张　200 千字
2018 年 6 月第 1 版　2019 年 2 月第 2 次印刷
ISBN 978-7-200-14078-1
定价：26.00 元
如有印装质量问题，由本社负责调换
质量监督电话：010-58572393
责任编辑电话：010-58572417

《北京教育丛书》编辑委员会

顾　问：（按姓氏笔画排序）
　　　　龙新民　刘利民　李志坚　李　晨　汪家镠
　　　　姚幼钧　袁贵仁　徐惟诚　徐锡安　陶西平
主　编：苟仲文
副主编：线联平　张　雪　杨公鼎　何劲松（执行）
编　委：（按姓氏笔画排序）
　　　　丁大伟　马宪平　方中雄　冯洪荣　邢素丽
　　　　曲　仲　刘克祥　李　方　李永生　李成旺
　　　　李连鑫　李希贵　李学东　李　奕　李　烈
　　　　杨公鼎　杨华利　肖　汶　何劲松　张绍武
　　　　张思明　张彦春　张　洋　张　雪　陆云泉
　　　　苟仲文　线联平　郝显军　荣俊艳　钟祖荣
　　　　顾成强　钱　军　曾　辉　翟京华　魏旭斌

序一

教育事业的重要，已经日益被愈来愈多的人认识了。

中国要振兴，归根到底要靠我们中国人自己努力奋斗，要靠我们的全体劳动者创造出数十倍于今日的劳动生产率。这是一个全体国民素质提高的过程，人们自然要寄希望于教育。

要搞好教育，需要做许多事情，其中最根本的还是要靠人，靠教师，尤其是担负着国民基础教育任务的中小学教师。

教师的重担，关系着祖国未来的命运，也关系着每一个教育对象未来的命运。他们所教的学生在未来的社会条件下，究竟怎样做人，怎样立身处世，能不能用自己的双手为社会作出贡献，从而也创造自己的幸福生活，在相当大的程度上取决于在青少年时代所受到的教育。

我们知道，人，是世上已知物质发展的最高形态。关于人的意识、观念、智力的形成和发展的规律，我们离知道得很清楚还有很大的距离。社会主义的教育科学需要有一个大发展，这是毫无疑义的。

在教书育人第一线工作的广大中小学教师，对社会主义教育科学的发展应当有特殊的贡献。他们当中的许多人把一辈子的心血都用来为祖国培育后代，造就人才，积累了丰富的经验。这些经验理当成为整个教育战线的共同财富。可是由于种种原因，这些总结和传播经验的工作过去做得还很不够。为此，中共北京市委和北京市人民政府决定，拨出专款，指定专人组成编委会，编辑出版一套《北京教育丛书》。这个决定受到广大中小幼教师的欢迎与支持。在短短一年的时间内，已经报来几百份写作书稿。又有一批热心而有经验的同志担任编审工作，看来任务是可以完成的。

我们相信，《北京教育丛书》的编辑出版，对于鼓励广大教师钻研业务，积累经验，对于传播和交流这些经验，对于推动教育科学研究，对于提高普通教育水平，都是有积极作用的。同时，这套《北京教育丛书》的出版，也将有助于人们认识教师所做的艰苦的、创造性的劳动。

改革和建设的大潮在祖国大地上汹涌澎湃，每天都有许多新问题提到我们面前来，也把许多新问题提到我们的教育工作者面前。这是一个需要有许多新创造的时代。教育战线上的同志们为祖国的振兴所建立的功绩，是不会被人们忘记的。

徐惟诚

序二

《北京教育丛书》诞生于"百废俱兴、尊师重教"的改革开放岁月,又伴随着时代步伐走进21世纪新的历程。承前启后,继续做好《北京教育丛书》的"学用写"等各项工作,是首都教育"内涵发展,人才强教"的需要,也是全市基础教育工作者的责任。

胡锦涛总书记指出:"教师是人类文明的传承者。""没有高水平的教师队伍,就没有高质量的教育。"这是对教师职业的赞许,也是对教师特别是基础教育教师的殷切期望。人才成长离不开教育,离不开教师。造就一支高水平的教师队伍,提升教育的质量,将关乎民族振兴、国家强盛。

当前,教育优先发展的战略地位正在得到不断的巩固和加强,首都基础教育已经取得了令人瞩目的成就,在全面实施素质教育、深化课程改革、创新德育和班主任工作、推进义务教育优质均衡发展等方面,积累了大量的成功经验,这些经验都有必要进行系统的提炼和总结。传承名师的宝贵经验,展示中、小、幼各条战线的育人风采,《北京教育丛书》定位在中小学教师、校长的经验专著,突出教书育人的实践导向,这在国内是具有广泛影响的创举,它体现了市委市政府领导对基础教育的重视,对尊师重教、人才强教的重视。

为此,《北京教育丛书》将继续组织、帮助教师总结教育教学经验并进行理论升华,使他们的成果转化为社会的共同财富;

将继续发挥优秀教师的示范作用，引领教师成长，成就教师发展，造就新一代的名师和教育家，努力探索教师专业化发展的新途径；将继续通过传播先进的教育理论、教学经验，倡导在广大中小学教师中开展读书活动，形成科学研究与终身学习的风尚，进而提高教师队伍的整体素质，提高基础教育的质量，培养更多对社会有用的人才，促进社会的和谐发展。

"教育事关民族兴旺、人民福祉和国家未来。"温家宝总理的殷切教诲，是《北京教育丛书》科学发展的动力。《北京教育丛书》工作业已成为促进北京教育优质、均衡、持续发展的一项重要的基础性工作，期待它能够帮助广大教师走在探索教育科学理念、尊重教育教学规律的征途上，实现对教育理想的追求；期待它能够指导广大教育工作者走在探索教育改革、实践开拓创新的道路上，实现对教育事业的追求。

值此《北京教育丛书》新一届编委会成立与新的选题即将陆续付梓之际，谨以此序，祝愿这项利济于今、功垂于后的德政工程，继续承载起党和政府乃至社会各界对办好首都基础教育的期望与重托。

中共北京市委常委
中共北京市委教育工委书记　赵凤桐
2009 年 9 月

目 录

我对"领导"与"管理"的认识 …………………………………（ 1 ）

第一章 对幼儿园的价值领导 …………………………………（ 1 ）
 第一节 一幼的园所文化 …………………………………（ 1 ）
 第二节 一幼文化对分园的传承 …………………………（ 16 ）

第二章 对幼儿园的管理 ………………………………………（ 25 ）
 第一节 管理理念 …………………………………………（ 25 ）
 第二节 管理机制 …………………………………………（ 38 ）
 第三节 幼儿园的财务管理 ………………………………（ 55 ）

第三章 对幼儿园的课程领导 …………………………………（ 61 ）
 第一节 园长的课程领导力 ………………………………（ 61 ）
 第二节 一幼的园本课程 …………………………………（ 64 ）

第四章 对幼儿园的科研领导 …………………………………（114）
 第一节 教科研的理念与模式 ……………………………（114）
 第二节 教科研的保障与实施 ……………………………（116）

第五章 对幼儿园的团队领导 …………………………………（134）
 第一节 对教师团队的领导 ………………………………（134）
 第二节 对干部团队的领导 ………………………………（154）

编后记 ………………………………………………………………（165）

我对"领导"与"管理"的认识

在我们的日常管理工作中,常常会出现"领导"和"管理"这两个概念。从表面上看,两者似乎没有什么差别,人们也通常将它们混为一谈。但在实际上,两者既有紧密的联系,又有很大的差异,各自都有着丰富的内容。

"领导"不是职务地位,也不是少数人具有的特权或专利,而是一种积极互动、目的明确的动力。按照《现代汉语词典》的解释,"领导"就是率领并引导大家朝着一定的方向前进,而"管理"就是负责某项工作并使它顺利进行。换而言之,就是"领导"要做正确的事情,"管理"则是要正确地做事情;"领导"是对人的行为施加影响,"管理"则是对事情加以控制;"领导"是以人为导向,"管理"则是以事为导向。

领导与管理是有区别的。其一,领导具有全局性,管理具有局部性。也就是说,领导侧重于战略,管理侧重于战术。领导活动注重对组织内部各个组成部分进行整体性的计划、协调和控制,而管理则是一种技术性较强的工作,其目的在于提高某项工作的效率。其二,领导具有超前性,管理具有当前性。领导活动致力于整个组织发展方向的规定,这主要体现在决策和目标的制定等方面,而管理则侧重于当前活动的落实。其三,领导具有超脱性,管理具有操作性。领导要从根本上、宏观上把握活动过程,而管理却必须注意细节问题,要统揽对人、财、物、时间、信息的安排与配置,使诸多因素得到合理运用。

领导与管理有着密切的联系。领导通过管理实现目标，管理则是一种方法、一种程序。领导驾驭管理，并通过管理更好地实现生产运作的程序化和效率化，管理则是领导实现目标、计划、成效的体现。领导就像大脑，通过管理实现各个组织密切协作配合，完成组织预定的目标。

例如，在北京市第一幼儿园（以下简称"一幼"）的整个发展过程中，我们充分发挥领导的作用，每走一步都会通过缜密的思考设计好整体的布局，再通过各项管理手段逐步落实，逐项完成。在这个过程中，充分发挥每个人的作用，让每个人都能正确地做事情。

任何一个组织，都必须既有领导又有管理。只有领导而无管理，则领导的意图和目的往往比较难以实现；同样，如果只有管理而无领导，管理的愿望和目的也难以达到。一幼从一所幼儿园发展到五所幼儿园、从300多名幼儿发展到1300多名幼儿的过程充分说明：领导幼儿园要有宏图、有方向、有思路，而管理幼儿园则要有途径、有手段、有方法。

领导者是决策者，管理者是执行者。幼儿园的园长既是领导者，又是管理者。领导者与管理者虽有相同之处，但却不能混为一谈。正确认识两者的区别与联系，有助于更好地把握日常管理活动，从而促进园所的发展。

第一章　对幼儿园的价值领导

作为一所幼儿园的园长，我们既要善于领导，又要善于管理。领导是决策过程，管理是执行过程。善于领导是把握好目标和方向，善于管理则是要把工作做好，提高工作效率。

园长是幼儿园的领导者和管理者。职业角色决定了园长在幼儿园文化建设中起着重要作用，是园所文化的塑造者。具体体现为园长要率领教师反思或重塑幼儿园的价值观，巩固良好的行为方式和思维形式。园长要具有价值引领能力，具有把幼儿园倡导的价值理念渗透和转化到幼儿园工作每个领域的价值执行能力。幼儿园文化建设需要园长有较强的价值领导力。

第一节　一幼的园所文化

一、支撑一幼发展的"魂"：快乐文化

我在一幼工作36年，做了14年的教师，当了22年的园长。在我从事一幼学前教育工作的36年中，见证了我国幼教事业的飞速发展，亲身感受了一幼人在学前教育发展史上的不懈努力。在这个过程中，一幼从一所幼儿园发展到了五所幼儿园，从300多名幼儿发展到现在的1300多名幼儿。优质的教育质量，合理的师资配置，优美的环境设施，适宜的园本课程，使一幼成为北京乃至全国最具实力的园所之一。

托尔斯泰曾经说过："思想上的努力，正如可以长出大树的种子一般，在眼睛里是看不见的，但人类社会的明显的变化正发生于其中。"一幼正如一粒萌发的种子，在阳光雨露的滋润下，生根发芽，茁壮成长为参天大

树，正散发着迷人的光芒。

一幼建园于1949年，到今年已有近70年的历史。一幼能发展到今天，靠的是什么？一幼的教育为什么能够得到社会、家长的普遍认可？一幼的孩子为什么能够健康、快乐、和谐地成长？支持一幼一代又一代人辛勤耕耘、开拓创新背后的精神动力是什么？一幼教职工都有什么共通的优秀品质？一幼的管理有什么独特的风格？这是我经常思考的问题。

2004年下半年，当时东城区教委主管学前教育的马杏芳副主任和我谈话，并告知我说东城区"教育两委"（教育委员会和教育工作委员会——编者注）已经上会研究决定要在2005年上半年召开我的办园思想研讨会。听到这个消息后，我既兴奋又紧张：兴奋的是，这是多么难得的一次机会啊，是全北京市召开的第一个幼儿园园长办园思想研讨会，东城区"教育两委"领导如此重视学前教育，为我搭建了这么大的交流和展示的平台，兴奋的心情难以平静；紧张的是，办园思想研讨会不是开开会而已，而是要有自己的办园思想、办园理念、办园文化的支撑，虽然自己已做了10多年的园长，做了一些工作，也总结了一些经验，但整体的办园思路还不是十分清晰，还需进一步梳理，这心里没有底的事越发让我紧张起来。马主任似乎看出我的心理波动，笑着对我说："没关系，别着急，我们一起做好会前的各项准备工作，特别是研讨会的中心要突出一幼的办园文化、思想及理念。"

接下来的几个月时间，我与马主任、学前教育科连玉华科长、一幼领导班子成员及教师们就一幼发展的方方面面进行了深入的研讨，目的是要理出一条线来，这条线就应是一幼发展的"魂"，是支撑一幼发展的园所文化。

在研讨的过程中，两园（当时一幼只有本园和实验园）的干部、教师们回忆和讲述了一幼很多的孩子们成长和教师们工作的故事——

孩子们是如何在幼儿园生活、游戏，快乐成长的；孩子们是如何相亲相爱、互帮互助，宛如兄弟姐妹一样的；孩子们喜欢来幼儿园是因为每位教师都像妈妈，幼儿园就像自己的家一样；孩子们爱吃幼儿园可口的饭菜是因为厨房的叔叔、阿姨精心制作比家里的饭菜还要香甜可口；孩子们喜欢玩幼儿园的玩具，喜欢参加幼儿园的各项活动；……

教师们每天的工作是很辛苦、很累的，但是只要见到孩子们、跟孩子们在一起就会精力充沛，感觉有使不完的劲儿；教师们白天工作，晚上写教案，有时甚至连做饭时脑子里还要想着课题研究的事；教师们的脑子里想的全是幼儿园小朋友的事，有时甚至连自己家孩子病了都顾不上；教师和家长是一个战壕里的战友，共同研究、讨论教育孩子的问题。有的时候，一位教师工作时把全家人都用上，爱人帮助配音乐、制作录像片等，公婆、爸妈帮助制作玩/教具……

这一个个生动的故事、一幅幅感人的画面，是那么的朴实无华，那么的鲜活真切，让人动情，让人感动！在剖析这些故事背后的线索时，大家不约而同地说道："我们所做的这一切不就是为了能让孩子们健康、快乐地成长吗?!"是啊，一幼的教育就是要让孩子们快乐地成长，让教师们快乐地工作。

快乐是什么？对于很多人来说，这种东西看不见摸不着，只是一种朦胧的概念。而且"快乐"这个词本身就比较主观，每个人的理解各不相同。一般字典上对快乐下的定义多半是"觉得满足与幸福"，而德国哲学家康德则认为"快乐是我们的需求得到了满足"。的确，快乐是一种美好的状况，是人类精神上的一种愉悦，是一种心灵上的满足，它会使一个人变得开心。为此，我们必须思考：快乐的根源是什么？我们又可以做些什么来让孩子感受到快乐的教育，教师们能在快乐中工作呢？

经过多次讨论，我们得出初步结论：与新中国同龄的一幼，承载着国家的未来、家庭的期盼、孩子的梦想，在历史发展的长河中不断成长与发展。一代又一代的一幼人不忘初心、坚守岗位，从环境上改造外在的美，从精神上修炼内在的气质，为了孩子健康、快乐、和谐的成长而逐步形成了"为孩子的快乐人生奠基"的办园理念。这一理念的核心词汇是"快乐"。快乐是一种文化，教育是一件快乐的事情。自然生命的生生不息融汇了天伦之乐，精神生命的薪火相传点燃了教育之光。孔夫子的教育之乐在于聊天中启发与点拨，陶行知的教育之乐在于生活中启迪智慧，陈鹤琴的教育之乐在于寓教于游戏之中……一幼人传承"快乐"，视教育为快乐的事情。这种快乐的文化是向上的、启智的和审美的，已经成为一幼文化的精髓。孩子是快乐的，只有在快乐的环境中、快乐的教育中他们才能够幸福地成长；教师是快乐的，教师只有幸福快乐才能培养快乐的孩子。

"为孩子的快乐人生奠基"的内涵是：让自信、自主成为孩子的人生态度；让探究、创新成为孩子的思维方式；让审美、愉悦成为孩子的性格品质。

快乐的人生源于自强、自立、自信。当我们面对人生的困境和逆境时，如果缺乏坚定的信念，纵使有再多知识也很难完成逆境重生的突破。这种坚定自信不是与生俱来的，而是在孩子成长的过程中慢慢"熏"出来的。

快乐的人生在于积极向上的创新思维方式。眼界决定境界，境界决定成就。人生的意义在不断地砥砺前行中逐渐显现，这需要孩子们具备不断求进、探索的精神。一幼正是通过日常生活的点滴，给予孩子们支架，保护孩子们的创新精神、培养孩子们的探究态度，让孩子们在原有的基础上不断向上攀登。

快乐的人生基于乐观开朗的健康心态。教师温馨的关怀与呵护，培养了孩子的和善与亲切感；教师鼓励的话语和行动，培养了孩子的积极与阳光。生活中也许有不尽如人意的地方，但我们需要一双时时刻刻发现美的眼睛，让孩子在美的事物和环境中浸泡、滋养，学会欣赏美，愿意创造美。

可以这样讲，2005年5月我在办园思想研讨会上提出的"为孩子的快乐人生奠基"只是一幼办园理念及办园思想的一种体现，还没有形成一幼的办园文化。为此，2007年下半年，我又带领干部、教职工们用了整整一个学期的时间全面开展了以"追溯一幼文化之魂，共谱名园发展乐章"为主题的一幼园本文化寻踪系列活动。该活动力图通过多种方式追溯一幼文化的特质，提炼一幼的文化精髓，树立一幼的教育品质，打造一幼的品牌形象，建立一幼的文化体系。

涓涓不息的精神泉流来自文化，奋力前进的动力之源来自文化，永不放弃的梦想之旅还是来自文化。甚至于每一种思想、每一种习惯、每一种精神，都显露出一种文化，自有其历史的厚重与渊远。同理，园所文化之于一所幼儿园的发展，犹如灵魂之于生命、思想之于人类的意义。一幼人以其特有的远见卓识，从一幼诞生的那一天起就注意精心培育园所文化，并自觉地将这种独具特色的文化注入幼儿园的精神、制度、物质、行为之中，从而产生了巨大的文化管理效能。

在活动期间，我们通过召开不同类型的座谈会（有退休老教师，调出的教职工，在职干部、教职工等）、网上论坛、激情演讲、老照片展览、园史回顾展等，在全园开展园史教育。教职工们从不同的方面、不同的角度畅谈、总结一幼的发展历程，深入挖掘一幼发展的根源，总结提炼一幼的园本文化建设精髓，寻找一幼新的发展点。

例如，一幼自建园开始，就一直是整托园，孩子们在园中与教师们朝夕相处的时间比爸爸妈妈还要长。他们在园里快乐地生活、游戏，教师们不辞辛苦地像妈妈一样看护着每一个孩子，有时自己家的孩子病了照顾不了，却要来园照顾园里的孩子。教师们没有怨言："这是我们的本职工作，只有照顾好孩子，我们心里才踏实；只有孩子们快乐了，我们才快乐。"

从1979年至今，一幼连续多年荣获北京市"爱国卫生红旗单位"称号；从1986年至今，连续多年荣获北京市"花园式"单位称号。美籍华人陈泰来参观后说："你们这里真是干净得不得了，孩子都是漂漂亮亮的，而你们的大人都是朴朴实实的。"

一幼是世界的小缩影。1972年，一幼接受了外国驻华使馆人员子女入托的任务。此后，已经有来自世界各国的3000多名小朋友在这里快乐地学习和生活过，他们爱一幼，爱这个大家庭……

一幼的孩子们是快乐的。在园所的操场上，女孩子们像蝴蝶飞舞，男孩子们像小鹿奔跳，他们手拉手跳着集体舞，兴高采烈地玩着各种游戏；他们一个个登上攀登架，又一个个从铁索桥上走过。孩子们银铃般的笑声、叫声，汇成一支快乐的乐曲，在美丽的大家庭中萦回激荡……

一幼的教师们是快乐的。在工作中、在教研中、在与孩子们的朝夕相处中，她们把爱播撒在每一位孩子的心灵上，把教育思想和教育理念转化到教育行为中。一张张孩子们幸福的笑脸，一句句家长们满意的赞许，一本本教科研成果的证书，一次次教委领导对一幼工作的肯定，让教师们欢喜、鼓舞、心醉、辛苦并快乐着……

一幼的家长们是快乐的。他们把孩子能送到一幼视为荣耀，因为他们认同一幼的教育思想及理念，欣赏一幼的教育环境，了解教师的专业化水平,放心幼儿在园的每一天每一刻。每一次家长会,每一次亲子活动,每一次与教师交流,每一次来园观摩,家长们的脸上都会流露出满意及快乐的笑容……

一幼的办园精神在总结、梳理、提炼中焕发出青春和活力,激发着全园教职工的向心力和凝聚力。大家建立了"一幼明天更美好!"的共同愿景,并进一步梳理出一幼"快乐文化"的体系。这里指的"快乐",不是单纯的高兴和盲目的欢乐,而是有其内涵、有其内容的。一个人的一生之所以快乐,是因为他懂得做人的道理、规矩、行为是什么,懂得老祖宗留下来做人的"德行"是什么。为此,每一个人把他的"人情"奉献于他人、家庭、社会,而每一个人也享受着他人、家庭、社会给予他的"人情",这就是幸福,这就是快乐!

"快乐"是一幼文化体系的精髓,这是一幼所坚守的,因为坚守所以收获,因为传播所以伟大,一幼在"快乐文化"的引领下迎来生命中的每一次蜕变。

二、精神文化:育人德之崇,真切爱为先

幼儿园的精神文化,是一所幼儿园气质的体现、品质的彰显、文化内涵的呈现。

"育人德之崇,真切爱为先。"对于孩子,育人先育德,从小学做人。优秀品质、良好习惯一旦养成,将会使孩子们终身受益。因此,我们在孩子一日生活的各个环节中,在孩子的各项游戏和活动中都很自然、适宜地渗透德育,让孩子知道什么是真、善、美,明白什么是好、什么是不好,什么是对、什么是不对,什么事情应该怎样做、不应该怎样做;让孩子们知道什么是"爱心",这种爱在家庭、在幼儿园、在社会中是如何体现的,小朋友应该学习什么,应该怎样做;孩子良好的行为习惯及自我服务能力是在生活、活动中培育和养成的,自己能做的事情一定自己去做,提高他们观察问题,解决问题的能力;这种"德"的教育、"爱"的教育为孩子一生的发展奠定了坚实的基础。

"育人德之崇,真切爱为先。"对于教师,有人曾经说过这样一句话:"爱自己孩子的是人,爱别人孩子的是神。"我们虽然不信神,但一幼全体

教职工热爱孩子,爱得很深很深,如同一个个爱神。她们爱孩子如同爱自己的儿女,她们以慈母之情,爱着这里所有的中外幼儿。正像一位家长在信中写的那样:"女儿入园以后,我欣喜地发现她变了,孩子唱出的一首首歌谣,说出的一句句话,是那么的动听,那么的可爱!孩子的点滴进步,无不浸透着教师们的辛勤汗水,我怎能不为此而衷心地感谢为孩子做出无私奉献的教师呢?!"

记得有一次我参加团支部组织的活动,一位团员讲了一段话让我深受感动(这是一位首都师范大学本科毕业生):"我来一幼一年多来,感受到了我人生好几个第一次:第一次给孩子洗屎尿裤子,第一次给孩子打扫呕吐的食物,第一次孩子的大鼻涕蹭了我一身……我想,这是在书本上没有学过的,在课堂上老师没有讲过的,在学校里没有听说过的,只有真正走上幼教一线岗位才能深深地感受到。所以说,没有爱就不要做幼教事业,就不要做幼儿教师。"

爱心,是一幼永恒的灵魂,它是教师脸上亲切的微笑,是活动中的殷殷引导,是困难时的支持帮助,是话语间的亲切关怀……这些爱的播撒,换来了孩子们热情开朗的笑脸、健康茁壮的成长。教师们用爱心凝聚了孩子纯真的心灵,用真诚守望着孩子最初的梦想……

一幼的办园口号:"今日你以一幼为荣,明日一幼以你为荣。"这句口号意义很深远。

今日你以一幼为荣——由于一幼的办园理念及办园精神被家长及社会所认可、接受,所以每年来园报名入托的孩子有很多。入托难,入一幼更难是大家共同的感受。家长很珍惜这个名额,很庆幸能把孩子送到一幼,并视其为一件光荣的事情、一件快乐的事情;教师也是如此,特别是新毕业的学生,刚刚迈出学校大门就步入一幼的大门,这是多么可喜可庆的事情啊,能在一幼工作是教师们感到很荣幸、很快乐的事情。

明日一幼以你为荣——对于孩子,他们就像小树一样,慢慢地成长起来,从什么都不知道、什么都不清楚的小孩子成长为能力、知识、行为等方面都有很大提高的大孩子,从来园只会哭闹找妈妈的小朋友成长为即将步入小学的学生,再经过小学、中学、大学的培养就会成为国家的栋梁之材,一幼为你骄傲,一幼以你为荣!对于教师,也是如此。大家都把一幼称为干部、教师成长的摇篮，经过一幼的打造、锻炼，教师们从青涩走向成熟，从一般走向骨干，从一幼走向全区、全市、全国，教师们成长了、发展了，一幼为她们骄傲，以她们为荣！

　　一幼的办园精神仅有四个字：爱、勤、精、新，虽然字不多但其内涵和意义却至广至大。一幼人多少次的思考，多少年的积淀，才有了对幼儿全面负责之"爱"、工作态度之"勤"、保教工作之"精"、教育改革之"新"的四字精神诠释，正是这种精神伴随着一幼成长的每个阶段。

　　2009年3月，一幼的园歌《永远的荣光》诞生了！在这之前，我和著名作曲家陈越先生进行了多次交流，向他介绍一幼的园史、一幼的发展、一幼的内涵及一幼的精神等。听着我的介绍，陈越先生心潮澎湃，一直在说："太好了，太有内容了，我已经有灵感了。"当这首园歌写成让我们试听时，我们每一个人都按捺不住激动的心情。

永远的荣光

北京城里鲜花开放　我与祖国一起成长
几代人的努力铸就了一所神圣的殿堂
是您为我打开了窗　是您为我擦亮了眼
是您给了我知识的源泉
给了我灿烂的明天

是您给我爱的阳光　是您滋润我的心房
是您给我奠定坚实的基础
给了我梦想的翅膀

我要说声谢谢您　我要大声说爱您
我的敬爱的教师亲爱的朋友
深深留在我心里
我要说声谢谢您　我要向您敬个礼
我要长成一棵参天大树
尽情地回报您

我要成为让您骄傲的孩子
永远的荣光

"北京城里鲜花开放",歌词首句即点明了一幼的地理坐标。北京城开放的鲜花指的不仅是植物的花,也暗喻一幼的孩子都是祖国鲜艳的花朵。"我与祖国一起成长",1949年是新中国的成立之年,同时也是一幼的创建之年。"几代人的努力铸就了一所神圣的殿堂",一幼自1949年建园至今,已历经近70个春秋。可以说,是一幼几代人的共同努力,才缔造了这所著名幼儿园如今的辉煌。一幼无愧为AAAA的名号,已然成为一座被社会各界所敬重的神圣的殿堂。

在完成地理坐标和一幼历史简介后,笔锋转到幼儿对一幼的深情描述,"是您为我打开了窗,是您为我擦亮了眼,是您给了我知识的源泉,给了我灿烂的明天"。

幼儿园是童心的乐园,是人的一生中最重要的成长奠基之地,开启心智,明亮心神,是所有能力的源头所在。只有在幼儿阶段打好坚实的基础,才有孩子们灿烂的未来、快乐的人生。"我要说声谢谢您,我要大声说爱您,我的敬爱的教师亲爱的朋友,深深留在我心里。"感恩思想的贯穿,是这首园歌的一个主要创作思路。在中国的文化教育史中,感恩、报恩的思想随处可见,然而中国现阶段的儿童教育,相对而言,却比较缺乏感恩思想,再加上中国的少年儿童在表达情感上相对含蓄内向,心中有谢意却未必会尽情地说出来,所以在这首音乐作品中,我们不仅希望每一个幼儿要把谢意说出来,而且要大声地把对教师和小朋友们的爱意表达出来。试想,一个每天都洋溢、回荡着感恩、谢意歌声的儿童乐园,该是多么的和谐和美好啊!

"我要说声谢谢您,我要向您敬个礼,我要长成一棵参天大树,尽情地回报您;我要成为让您骄傲的孩子,永远的荣光。"在所有一幼师生的心中,一幼无疑是一座闪耀着永远荣光的丰碑。过去,这座名园曾经给国家培育了许许多多的栋梁之材;现在,这座名园又在我们大家的共同努力之下,以全新的形象,正在谱写着新的辉煌;未来,所有在一幼成长的孩子们,也必将会成为这座名园永远的荣光,从而为整个中国的历史续写永远的荣光。

每当《永远的荣光》这首歌熟悉、优美、动听的旋律在耳边响起时，我的心中都会有一种冲动，一种激情，一种只有一幼人才能够感受得到的亲情。

2013年6月，一幼已发展成为有5所幼儿园的幼教机构，原有的园徽已不适宜一幼整体的发展，为此我们又请专业公司进行设计，并要求要体现一幼的教育理念、思想及办园精神。新设计的园徽是对办园精神的注解（见图1-1）。

图1-1 北京市第一幼儿园园徽

桃心代表"爱"——孩子快乐教育的起点是宽松、愉悦的爱的氛围。教师的爱是给予、是付出，教师的爱能够滋养孩子的心灵，促进孩子身心和谐发展；而孩子和孩子之间的友爱则能促进孩子交往能力的发展，使其成为有博爱的小公民，从而有更多快乐的体验。

蜜蜂代表"勤"——在教师层面，蜜蜂代表着勤劳、细致与耐心，代表着教师投入、积极的工作状态，为儿童创设丰富的课程环境和物质环境。在幼儿层面，蜜蜂则代表着自主、活泼与勤奋，代表着孩子乐于动手、动脑，以积极、主动的姿态去探索世界，从而获得愉悦的学习体验。

小手代表"精"——任何事情都是通过小手做出来的，"精"的含义是精致。对于园所，"精"代表着一幼人精益求精、全力以赴、永攀高峰的工作追求；对于幼儿，"精"则代表着孩子乐于动手、努力争先、积极向上的良好心态。

太阳代表"新"——"新"代表着教师和孩子的创新精神和与时俱进的创造力。教师需要创新,需要阳光般的关怀与温暖,让自己的工作充满创造性才能找到职业的幸福感;而幼儿在大胆创造、展示自我的时候是最快乐的,让阳光般的自信成为孩子的人生态度。

新园徽代表着一幼的五所幼儿园(也可以说是四所,一幼吉祥园和一幼魏家园为一体),四种颜色又分别代表每一所幼儿园:一幼本园——红色,一幼实验园——蓝色,一幼海晟分园——绿色,一幼吉祥园、一幼魏家园——黄色。使用时可单独或共同使用,如一件幼儿园服印制上这个园徽知道是一幼的小朋友,如在某个地方再印制红色的图案,就知道是一幼本园的小朋友了。

如果教育思想是蓝图、园所文化是领航,那么教育实践便是行动。我与教师们在这条漫漫路途中努力跋涉,登高望远,以勤勉为捷径,以求索为目标,用细腻而真诚的心全力开展"润物细无声"的一幼"快乐文化"建设,用心营造孩子成长、教师发展的乐园。

三、制度文化:无情的机制,有情的管理

幼儿园的制度文化,是幼儿园为了自身的生存、发展的需要而主动创制出来的有组织的规范体系。一切为了孩子、一切为了教师,在一幼人是最重要的,因此一幼的各项制度、规定的制定都是从为了人的发展思考的,为了园所的发展而制定的。

制度对于孩子就是契约,是规定。"国有国法,家有家规。"不论是中国公民,还是世界公民,都要懂得遵守契约、信守承诺,懂规矩、守纪律。在教师"一日带班"活动中,我们常说"管而不死,活而不乱",意思就是:教师在带班中要给孩子时间和空间,要给孩子自由自主的机会,而孩子们在这样的环境中活泼、主动、放松、大胆地成长,但绝对不会乱,因为他们懂规矩、守纪律,知道应该怎样做,在活动和游戏中提高了遵纪守规的能力,促进了契约精神的发展。

对于孩子的契约教育要从小抓起。为了让孩子们了解什么是契约、为什么要遵守契约等,我们通过各种教育活动让孩子们亲身体验和感知契约是什么,它的作用是什么。同时,让孩子们亲自参与到制定契约的整个过

程中，通过参与孩子们知道要信守承诺，自己说过的事情一定要做到。对于孩子们自觉遵守制度的教育也是由小至大，由近及远，由浅入深，由个人到家庭，由家庭到社会，让孩子们在生活中体验，在活动中感知，在行动中落实。

对于教职工，我认为所有的制度、规定都是无情的，没有折扣的，但在执行的过程中要有理解、宽容、关心、爱护，要注入一种文化、精神，通过外在的制度约束转化为一种内在的自觉行为。我们倡导：

"先人后事"的管理理念：以人为本，让事退居二线；民主管理，让公平占据舞台；手拉手，帮助年轻教师成长；论绩效，增强队伍凝聚力；多激励，激发教师精神需要；以评价目标为依据，考核与待遇相结合，以改革促改革，用转变适应转变。

"先人后事"的"先行管理"思想是我进行管理的基本准则。"人在前、事在后，人为主、事为辅"是这一管理策略的核心。我主张以人为先，为园中的每一位教职工创设一个积极进取且没有封顶的个人成长发展空间。"先人后事"的管理思想体现在具体的工作中，可以从一幼实施的"育人十法"和引导教师成长的多条途径得以充分验证。这种管理策略，是先人后事的具体体现，也是一幼发展到今天人心凝聚、事业稳步发展的一剂良方。

精细化制度："不以规矩，无以成方圆。"我们的制度是严格而精细的，"预成式"和"生成式"相结合，形成了独特的精细化制度体系。广开言路，虚心听取意见，民主管理制度深入人心；评价多元，等级分明，人事管理制度启人深思；硬性管理，柔性情感，人性化理念深得人心。

我们的管理和关怀，将百炼钢化为了绕指柔……

四、物质文化：环境的经典，教育的彰显

"环境的经典，教育的彰显。""蓬生麻中，不扶而直"，环境对孩子的教育作用可见一斑。美好的环境带给孩子美的享受和心灵的启迪，潜移默化地影响着孩子的成长，陶冶着孩子的情操，犹如一只无形的手，轻抚孩子敏感多彩的心……一幼物质环境有其特点，而正是这些感染性、教育性、参与性、艺术性的特点，营造了严谨、温馨、和谐的园所文化，启迪

着一幼人的心灵，陶冶着一幼人的情操，推动着一幼人的成长。

1. 感染性

我总是把一幼的教育称为"腌制"教育，意思是：一缸咸菜水、一筐萝卜，把萝卜倒入咸菜水中，久而久之萝卜就变为咸菜了。我们的教育也是如此，每天不论是精神环境还是物质环境，孩子们用的、看的、听的、说的、模仿的、感悟的等，每时每刻都在熏陶和感染着他们。很多年来，我们一直让孩子盖的是缎子被面的被子，中国特有的手工艺制作，鲜艳的被面色彩，大喜字、龙凤呈祥、喜鹊登梅、鸳鸯戏水等中国传统图案，试想孩子长大后，不论走到天涯海角都会记得我是盖着这样的被子长大的。由此可见，我们的爱国主义教育、民族教育、传统教育、艺术教育不都蕴含在里面吗?!

2. 教育性

古典垂花大门，琉璃瓦盖檐影壁；苏式彩绘抄手，游廊环抱小花园。一幼大力营造古色古香的环境美，给小树穿衣，一草一木都是对孩子心灵的启迪；为墙壁绘画，一砖一瓦都饱含诗意。"桃李不言，下自成蹊。"一幼的教师们用全部的爱心和智慧为孩子们打造了环境美育的天堂……

园所独特的设计，让每一面墙学会"说话"，让孩子时刻感受到收获，让教育触目可及。长廊上叮当作响的小玩偶，教室里各种形式的"长高尺"，游廊上精心绘制的连环画，墙壁上凸起的攀岩石，操场上专门为幼儿单脚跳计数的大轮盘，无不令人惊喜。一幼的精致寓于平凡之中，时时可见四季交替的花草，处处可观双语问候的图牌，将美带到每一个孩子的眼中，将教育渗透进每一颗活泼的心里。一幼用近乎完美的环境给了孩子最直观的美育……

3. 参与性

环境的塑造因为有了孩子的参与而更加生动，孩子在参与的过程中体会了创造的快乐。他们用自己的画笔画出了眼中的色彩，用小巧的剪刀剪出了心中的美丽，用大胆的搭配构筑了梦中的世界。徜徉其中，感动的不仅是孩子天真的童心神奇的想象，更是一幼犹如呵护稚嫩的花苞一样呵护孩子想象力的至仁至爱之心。她像一个微笑的仙子，带给孩子无尽的想象，赞美着他们的技艺。"艺术表现无对错"，孩子们眼中的世界五彩缤纷……

在环境的创设中，幼儿、教师、家长一起参与设计和布置。幼儿在欣赏和创造这些美的同时，也就在不知不觉中对对称、重复、色彩和花纹的大胆搭配等美术要素有了初步的感性认识，并能吸纳到自己的作品之中；教师在了解幼儿的兴趣、愿望和能力的同时，为幼儿搭建了表现美、展示美、创造美的桥梁；家长在参与设计和布置中，走进孩子幼小的心田，了解他们的兴趣，知道他们的想法，帮助他们实现愿望。本着"艺术表现无对错"的原则，在教师的引导、支持下孩子们用充满个性的创意展示着对美的各种感悟和追求。

4. 艺术性

垂花大门檐影壁，苏式彩绘朱漆堂，这里保留着经典的民族建筑。漫步于楼道走廊，一幅幅国画、一张张剪纸、一座座木刻、一件件兵器，都在无声地诠释着民族艺术的瑰丽多彩。越是民族的越是世界的，无须多言，一幼的环境便给了孩子最好的解释：墙壁上，随处可见充满民族特色的美术作品；操场上，触目可及的是精心设计的想象画。用艺术的感知唤醒孩子的民族意识，用环境的美好教导孩子的爱国精神，潜移默化，润物细无声……

五、行为文化：不忘的初心，笃定的行动

行为科学研究表明，一个人一天的行为中大约只有5%的非理念行为，属于非习惯性的行为，而剩下的95%的行为则受理念支配，属于习惯性行为。由此可见，理念、习惯在一个人行为中的作用是巨大的，这也是一个人成功的力量所在。

这项研究再一次表明学前教育的重要性。学前教育最根本的特点是养成教育，幼儿良好行为习惯的培养主要在学龄前阶段。古语讲"三岁看大，七岁看老"就是这个道理。

一幼的行为文化，体现在孩子们健康和谐的发展中。一幼的孩子是大

方的、有礼貌的，他们天真、活泼、可爱，但不为所欲为，懂得讲道理。孩子们良好的行为习惯、能力发展的例子举不胜举，随处可见——

我遇见过很多已在一幼毕业的孩子家长，他们见到我的第一句话就是："我的孩子可出息了，在学校一直是学生干部，样样都做得非常好，还是幼儿园的基础打得好！"

一位毕业的孩子到小学去参加面试，教师问："你会数数吗?"孩子答："老师，是正数还是倒数？是单数还是双数？是一个一个数，还是两个两个数，还是五个五个数？"教师说："你不用数了！"

一幼的孩子们敢想、敢说、敢做的行为在全区小学里面是出了名的。小学教师反馈时说："一幼的孩子低年级时思维比较活跃，课上积极举手发言，就是小动作比较多（小自由），到了高年级后，优势就显露出来了，各方面的能力都比较强。"

孩子的良好行为体现在一日生活环节中，他们知道自己能做的事情一定要自己做⋯⋯

孩子的良好行为体现在各项游戏活动中，他们学习如何观察、思考、动脑、动手⋯⋯

孩子的良好行为体现在与成人、同伴的交往中，他们懂得了什么是分享、互助、交流、合作⋯⋯

孩子的良好行为体现在成长过程中，他们感知了什么是真、善、美，小朋友应该怎样做⋯⋯

就这样，日复一日，年复一年，在生活和活动中，孩子们的良好行为习惯逐渐养成。

一幼的行为文化，体现在全体教职工的举手投足当中。教师的行为文化不仅体现了精神、制度与物质作用于教师的效果，也体现了教师自身的专业理念和专业素养。作为幼儿的启蒙者和引路人，一幼教师彰显的是良好的职业道德、专业理念和专业精神，体现的是科学的、系统的专业知识和专业技能，散发的是为人师表的道德风貌与人格精神。走进一幼，你随时能够看到妈妈般的教师悉心呵护每一个孩子，你随处能够感受到孩子们在教师的支持下自主游戏与探究。在一幼，教师和孩子的交往互动和谐而融洽，孩子的天性得以充分展现。这些无不是一幼教师"不忘初心"的体现。

与"为孩子的快乐人生奠基"相得益彰的是这里的教师"爱而有教"的信念与适度理性地关爱幼儿,也是这里的教师"思而笃行"的行动力与自我提升的诉求。一幼的行为文化,是教师作为职工,为园所发展出谋划策的过程,是教师作为专业教育人员,为幼儿的快乐成长倾尽心力的付出,是教师之间和谐温馨的问候与那一声声亲切的关怀,是教师作为有思想的个体不断追求挑战和自我提升的努力。

第二节 一幼文化对分园的传承

随着形势的不断发展,幼儿"入园难"的问题越来越严重,成为多年来老百姓呼吁最多的民生问题之一。针对"入园难"的问题,作为学前教育工作者、市人大代表,我有责任、有义务与政府同心同德,帮助社会排忧解难,缓解"入园难",帮助人民群众解决后顾之忧。2000—2014年,一幼在市、区两级政府的大力支持下,我与全体教职工团结一致,共同努力,克服重重困难,相继创办四所不同体制、机制的分园,大大缓解了当地老百姓的孩子入托问题。

创建分园要有园舍这是毋庸置疑的,但最大的问题是如何将一幼的办园精神、办园理念、园所文化等传承到每所分园,让每所分园都像一幼一样成为优质园、品牌园,成为人民满意的幼儿园,让更多的孩子都能够接受优质的学前教育,这也是我从建分园之日起一直思考的问题。经过深入调研、多方探讨,特别是通过市教委学前处张小红处长的指引,使我们进一步厘清了创建分园的办园思路和既"源于母体,别于母体,优于母体"又"扩园不稀释教育质量"的办园宗旨。

源于母体。将一幼的办园思想、教育理念和园所文化等注入分园;各分园的领导班子成员及骨干教师由一幼派遣;在管理上实施总园长负责制,各分园园长主管制。我担任总园长的职务,而且也是各分园的法人代表。

别于母体。各分园在一幼的整体领导下,在继承一幼优良传统的同时,不拘一格,各显其能,有所创新,有所突破。如一幼实验园的"汉英整合"的双语课程、"两教一助"的带班模式、"公共餐厅",一幼海晟分园的"多元文化"课程,一幼吉祥园、一幼魏家园的"生活化"的科学教育,以及一幼魏家园"政府委托"办园机制等,都体现了各分园别于母体的创新。

优于母体。这意味着一幼及各分园发展的明天会更美好!

"扩园不稀释教育质量"的办园宗旨,充分体现了一幼人创办分园的决心和信心:办一所成一所,让每所分园都成为幼儿成长、家长满意、社会放心的优质园所。

让名园再放异彩,一幼像一坛历久弥香的醇酒,氤氲着醉人的芬芳……

一、体制改革园:一幼附属实验园

创建实验园,一畦试验田。创新,如婴儿发出清亮的啼声;尝试,如幼儿鼓起迈步的勇气。在市场经济浪潮的冲击下和社会群众的呼声中,一幼开启了试验办园的门扉。"以管理为基础,以改革促发展,以教科研为先导,以质量求生存,以特色创品牌,把一幼实验园办成一所具有浓厚的双语教育氛围的、儿童身心健康和谐发展的、适应学前教育改革的一畦试验田",这是办园的初衷,也是办园的目标。独立运作,使得幼儿园不再是政府的负担;董事合作,颠覆了传统办园的模式;聘任合同,搭建了公平竞争的舞台;"两教一助",实现了保教合一。

1999年10月,东城区教委向我提出能否承办一所新园,并在这所新园进行体制改革试验。为此,我对东城区小黄庄小区在改造中配套的一所幼儿园进行了前期考察。当时,呈现在我面前的是一座面积不大、室外活动场地狭小、用电和燃气均未接通的空水泥楼。我请有关专家预算了一下,要达到设施、装修、设备"三到位",大约需要500万元的资金。500万元对一所幼儿园来说,是一个多么惊人的数字呀!面对新园的现状,巨额的投资,是"办"还是"不办",当时争议很大。有人认为应该办,这样可以扩大一幼的办园规模,发挥一幼的名园效应。也有人认为不该办,多一所园就多一个负担,万一生源不好,政府又不投资,我们将会冒很大的风险,还是稳妥一些好。针对这种情况,我带领大家认真学习了中共中央有关教育体制改革的文件及一些单位的先进改革经验,并围绕着"为什么要进行体制改革？体制改革会给幼儿园的发展带来什么？幼儿园的发展应如何适应市场经济及教育改革发展的需要？"等一系列问题展开研讨。通过学习、讨论，大家统一了思想，明确了"发展是硬道理，幼儿教育适应市场经济的需求，是幼教改革的发展方向"，因此必须要突破小富即安的传统观念，幼儿园才能有更大的发展。同时达成共识：创建实验园的目的不仅是为了扩大办园规模，更主要的是尝试一种新的办园体制，即大胆引入竞争机制与新型的管理模式，从多种角度了解和掌握市场经济的运行规律，不断提高办园质量和效益，促进幼儿园积极、稳妥、可持续发展，并通过体制改革逐步做到面向社会自主办园，从而更好地满足社会及儿童家长对幼儿教育日益增长的需求。目的明确后，我们决定解放思想，抓住机遇，积极进取，创办实验园。

创建实验园的过程就是一个不断克服困难、解决问题的过程。师资、外教、资金事事难办，而办园体制、领导机制、人员聘用、身份待遇等又是新的难题，这是我在以前办园中没有遇到过的——现在回想起来，什么是"度日如年"，什么是"热锅上的蚂蚁"，那时真是深有体会。面对困境，我没有畏惧，因为我知道：开拓就要创新，抢占先机就必须有新办法。没有资金，求支持、要求商家垫付；没有师资，向全国招聘；手续难办，就一趟一趟地跑，总之事不成就不罢休。当时我只有一个信念：既然这一步已经迈出来了，就一定要坚定不移地走到底。在筹集资金方面，我主要采取三种办法：①打扫家底。把一幼多年积攒下来的30万元作为前期启动资金，全部投入到实验园的建设中（实验园建园，年后还清了这笔资金）。②发动社会各方面力量，为实验园的建设捐资助学。③由厂家、装修公司先期垫付款，我们再以分期付款的方式偿还。

一幼实验园地处和平里地区，周围有原冶金部、原林业部等单位开办的一批高质量的幼儿园，而且这些幼儿园办园条件好，面积都比实验园大。这所占地面积只有1000多平方米的小园，如何才能具有竞争力？如何在强手如林的地区占有一席之地？经过认真的思考分析，我感到像实验园这样的小园，要想具有竞争力，一是要借助名园的品牌效益。因此，我们把实验园的园名定为"一幼附属实验园"，并全面引进一幼优秀的教育经验和管理经验。二是要全面提高办园质量，把该园办成一所精品园。因此，我把"以管理为基础，以改革促发展，以教科研为先导，以质量求生存，以特色创品牌，把一幼附属实验园办成一所具有浓厚的双语教育氛围、儿童身心和谐健康发展的、与国际大都市相匹配的现代化学前教育的窗口园"定为实验园的办园思路和办园目标。就这样白天忙工作，晚上想改革，实验园的两套改革方案终于诞生了！

2000年9月1日，一幼附属实验园正式开园。当看到孩子们高高兴兴地跑进幼儿园大门时，我欣慰地笑了！一幼附属实验园的建立，满足了家长对优质学前教育的需求，让更多的孩子都能接受到优质的学前教育，同时也扩充了我的办园思路，进而使两个不同体制园所之间的优势得到巧妙的互补。

体制、机制创新是实验园生存与发展的关键，其"新"的亮点主要体现在如下几个方面。

1. 办园体制新

在办园的过程中，实现了"四独立"和"四自"，即办园独立、法人独立、园舍独立、经济独立，自筹资金、自聘人员、自主招生、自行管理；实现了不依附政府，靠社会力量办园：东城区教委为授权方，一幼为办园方，聘任园长为承办方。经市教委批准，该园成为"民办公助"的体制改革试点园。

2. 领导机制新

一幼是实验园的董事单位，园内实行董事会领导下的园长负责制；董事会由5人组成，分别由教委及两园有关人员兼任，董事长由一幼园长兼任（我兼任这个园的董事长）；董事会严格执行董事会章程和实验园章程；园里的规划、方案、规章制度等重大事宜，都要经过园长起草、董事会审议、民主评议后方能执行；董事会有权聘任、辞退园长，园长要对董事会负责。

3. 投资机制新

实验园改变了单一的、完全依赖政府拨款的投资机制，实行政府助资、家长交费、幼儿园筹资的多元化投资体系，全园实行自负盈亏。在办园的过程中，我们针对资金的使用精打细算，反复进行成本核算和资金分析，计划开支，合理使用经费，每年为政府节省几百万元的资金。

4. 用人机制新

实行全园聘用合同制。对全体人员实行公开聘用，促进幼儿园自主用人，保障教职工自主择业，维护双方的合法权益。

5. 分配制度新

建立了有竞争、激励机制的分配制度。贯彻按劳分配、按生产要素分配、效率优先、兼顾公平的分配原则，扩大园内分配的自主权，全园实行等级工资制。

6. 管理机制新

建立和完善内部管理机制体系。建立和完善人事管理机制，建立人事管理的监督机制，建立正确的、符合客观实际的考核评价机制，等等。

二、名园分办园：一幼海晟分园、一幼吉祥分园

一幼实验园从某种程度上来看，是我的理想王国。公共餐厅、双语教育、两教一助、分配机制改革都在这里实现，而我对体制、机制和教育的思考也都在这里"落地"。如果说实验园是我实现教育理想改革的棋子，那么一幼海晟分园、一幼吉祥分园则是一幼顺应形势，为了体现公办园社会责任的产物。

1. 一幼海晟分园

为了进一步扩大东城区学前教育优质资源，经东城区"两委"领导研究决定，将东城区职教中心附属幼儿园剥离职教中心学校，于2007年1月1日整建制正式并入一幼，当时暂定园名为一幼（分园），现在园名为一幼海晟分园。

新建的一幼海晟分园坐落在东直门地区海晟名苑高档社区内，周边有繁华的CBD商业区、外国驻华使馆等，2009年9月正式投入使用。该园占地面积4400平方米，建筑面积3800多平方米，9个班规模，可接收3~6岁幼儿近300名。依据《北京市幼儿园分级分类验收标准》，该园应配置教职工50多名。

一幼海晟分园是继一幼实验园后的第二所分园。管理的园所多了，范围广了，班级扩了，人员多了，人们不禁会问：能保证质量吗？我也有这种担心，但我更有坚定的决心和信心：扩园不能降低质量，建一个兴一个，让每所园都成功，让每所园都有自己的办园特色，都要办成幼儿发展、人民满意的幼儿园。为此，我们分析了一幼海晟分园发展的前景。

（1）该园坐落在东直门外海晟名苑社区内，紧邻外国驻华使馆、CBD商业区，经调查社区内外籍人员居住率达50%左右，一幼海晟分园的建立应主要满足本社区及周边外籍人员子女入托的需求。

（2）一幼是北京市乃至中国学前教育对外交流和展示的窗口。在敬爱的周恩来总理的亲自关怀下，一幼自1972年开始接收驻华使馆子女入托。但是，由于一幼本部受地域位置的影响，外籍幼儿逐渐减少。因此，我们可以建分园为契机将此项工作恢复起来，以实现周恩来总理的殷切希望。

（3）世界的竞争是人才的竞争，国际化、多元化的人才要从娃娃抓起。所以一幼海晟分园顺应教育的发展，更要注重国际化、多元化的趋势。

在此基础上，我们制定了办园方案，明确了办园思路：根据东城区委、区政府提出要建立"现代化、国际化新东城"的发展新思路，一幼作为东城区学前教育的示范园，我们将以区委、区政府的号召为己任，努力建立"现代化、国际化的新一幼"。继续坚持"源于母体、别于母体、优于母体"的发展思路，以建立"现代化、国际化的新一幼"为目标，努力满足人民群众对优质学前教育的多元需求，为幼儿创设丰富多彩的多元文化成长环境。具体体现在：既满足幼儿的入托需求，又与本社区环境相匹配；既满足国内幼儿学习双语，面向国际的需求，又培养外国幼儿掌握汉语和了解中国文化的兴趣，突出双语整合教育的特色。

2. 一幼吉祥分园

2012年上半年，东城区教委又提出让我接手一所原吉祥小学改造的幼儿园，因为这所学校离一幼较近，暂定名为一幼吉祥分园。当我听到这个消息时，心里的滋味无以言表，一幼分园2009年9月刚刚开园，一幼魏家园还在交接中，现在人力、精力已经到了极限，再办一个园，我该怎么办呀？之后，我又到这所小学看了一下，不看不知道，一看吓一跳，我的心又凉了半截。学校坐落在胡同里,周边老百姓自建的房屋参差不齐,周围环境也不能和其他几所园相比。整整几天我都在犹豫和恍惚中,沉重的压力让我不知所措。还好,我这个人最大的特点就是自我抗挫、自我解压的能力比较强(这可能与我的成长经历有关吧)。那时,想起一首我最喜欢的歌曲《山不转水转》:"山不转哪水在转,水不转哪云在转,云不转哪风在转,风不转哪心也转……没有憋死的牛,只有愚死的汉……"是啊,没有解决不了的问题,任何事情都会有办法的。要在问题中看到发展,在矛盾中找到答案。于是,我和领导班子认真分析、交流了接手这所分园的一些想法。首先,一个目的就是发挥示范园的辐射作用,解决"入托难",让胡同里的孩子能够接受优质的学前教育。其次,该园与魏家分园距离较近,两个园可以联合起来,魏家分园为小班部,吉祥分园为中、大班部。这样做,一则可以解决人员问题,一套人马承担两个园的工作;二则可以解决幼儿在魏家园没有活动场地的问题,到了中、大班幼儿来到吉祥园,教室面积增大、户外活动场地增加,能很好地满足幼儿运动及游戏的需要。

就这样,一幼吉祥分园于2012年9月开始动工,历时一年的时间建成。市区教委投入1450余万元对园舍进行改造重建,投入320万元引进现代化的教育教学设备。改造后的吉祥分园进一步满足了幼儿发展的需要,环境更加安全、温馨、优美。

2013年9月,一幼吉祥分园正式开园。该园占地面积2426平方米,建筑面积1421平方米,6个教学班,可以接收近200名幼儿。典型的中式建筑风格:灰砖墙、红门窗、绿窗棂,中国风十分浓厚。因为这所园的前身是一所小学校,所以操场面积较大,安装了可供幼儿游戏的大型运动器械,有滑梯、钻桶、铁索等,孩子们可以在这里自由地玩耍;在操场的一侧还修建了可供幼儿欣赏的水池,池中的喷泉、山水石、畅游的小鱼等既满足了幼儿的欣赏愿望,又为园里增添了美的色彩;园里还设置了音乐、科学活动室,为幼儿的发展提供了必要的物质保障。一幼吉祥分园在继承一幼教育理念的基础上,以"生活化的科学活动"为特色,激发幼儿对周围事物的好奇心、认知兴趣和探究欲望,使他们形成受益终身的学习态度和能力。

三、街道委托办园：一幼魏家分园

2010年底，东城区景山街道办事处主任及主管教育的副主任找到我，提出想把本街道管理的魏家胡同幼儿园交给一幼来管理。当时，我听完这话后真的没当回事儿，以为说说就算了，谁知过了一段时间后，我们区主管教育的副区长和区教委的领导都出面来说这件事，我才把它重视起来。

2006年以后，"入园难"的社会现象显现。与此同时，一批勉强维持的薄弱幼儿园又无法提升自己来满足社会需要，家长意见不小，靠他们自己发展很难有起色。北京一些街道园干脆关门大吉，转为出租园舍。为了扭转这种局面，2011年在区委、区政府大力支持下，东城区教委与东城区人民政府景山街道办事处联合研究决定：将北京市东城区景山魏家幼儿园委托给一幼承办，形成"1+1托管"的新型办园模式，以提高该园的办园质量，为东城区提供优质的学前教育，满足老百姓的需求。2011年9月，我们就是在这种情况下接管了魏家胡同幼儿园。

魏家胡同幼儿园隶属东城区景山街道，属集体所有制。合作的形式是托管，一幼负责管理幼儿园的日常、人事、教学、生活等，并负责接收8位原幼儿园的教师；街道负责管理账务（当时是这样的），做好幼儿园外围的工作。公办园托管街道幼儿园的先河就这样在这里开辟了。我决心尝试一下。魏家胡同幼儿园和一幼本园离得很近，主要是接收街道周围百姓的孩子，这是一所平民幼儿园，也是真正的普惠性教育应该倾斜的群体。

一天，街道打来电话，说他们（街道和幼儿园）将在一起开个会，请我过来认识一下。我和一位副园长一同前去，打算在会上给大家鼓鼓劲儿，说说幼儿园将来发展的前景。谁知，刚进街道办公室的门，就听到吵吵嚷嚷的声音，原来是该园的几位教师正围着街道副主任，简直要打起来了。我根本没有说话的余地，听了几句，抬脚出了门。走在路上，我给我们区教委的相关领导打电话："魏家胡同幼儿园，我们不接了。"我的打算原本是想把这8位教师留下来，用一幼的教育理念去帮助、影响她们，可从现在的情况看，很难融合在一起。如果留下，从观念到态度，将会有许多新的矛盾产生。这方面，我还是有一些经验的，因此要把可能的矛盾和问题扼杀在摇篮中。

之后，通过各方协调，街道承诺解决这 8 位教师的工作，我们这才接了手。魏家胡同幼儿园是个不大的四合院，和一幼本园比起来，面积不到 1/10。孩子们的活动场地根本不够，为了解决孩子午睡的问题，施工时在房间里搭建了阁楼。既然接手，我就想把幼儿园办好。这个幼儿园最大的一个特点就是：小。如何解决这个问题呢？环境、条件是改变不了的，能改变的只有我们自己。"如何在小院里实现我们的教育？"这是问题，更是我要的答案。对！这就是我们要研究和实现的"小院大教育"。随后，小班区域活动走班制、户外循环游戏区、两园合一办园制等相继出现，从不同的角度解决了该园"小"的问题，有效地促进了幼儿的健康、和谐发展。

2014 年，也就是该园建园两年后，才慢慢地理顺与街道的关系，更换了法人，财务及一些管理项目则由一幼魏家分园自行管理。

第二章　对幼儿园的管理

第一节　管理理念

一、刚柔并进

1. 制度与情感结合

教师是幼儿园管理的首要因素。具体而言，管理者首先要关心的是教职工的现状、愿望、能力、潜力、要求、困难，其次考虑事情的性质、做法、评价。因为人是长期的，事是短暂的；人是活的，事是死的；对人的管理错误造成的后果是难以挽回的，对事的不当处理产生的损失却是可以弥补的。所以，我们主张以人为先，并通过"育人十法"和精细化管理建立了促进人发展的机制，为园中的每一位教职工创设一个积极进取且不封顶的个人成长发展空间。

管理中既要注重硬性的制度，也要注重柔性的情感，将对人的理解浸透到管理制度之中。我们在制度的执行中包含了很多情感管理的方式，这是一种人文管理的观念。

例如，在我们的等级评定中，由于各种原因总有一些分数一直较低的教职工必须转岗。这就要求我们在管理中，必须执行硬性的制度，但面对转岗的人员也要有相应的措施。如在改革当中就有一些老同志，让她再去进修、学习怎么都不行了，我们就给这些老同志事先都安排好岗位，让他们到一些竞争不是十分激烈且更适宜本人的工作岗位上去，如资料员、财产管理员等。因为这些岗位任务不是那么重，不在教学一线，不像一线教师竞争得那么激烈。我们在定这些岗位的时候,在教代会上与大家协商:这些岗位将来可能要安排一些老同志,老同志毕竟在园里工作这么多年,没有功劳也有苦劳,希望能够得到大家的理解与支持。

又如,后勤有一位老同志,他是插过队的老三届毕业生,在他身上遗留了一些不良习惯,而想用这短短的几年时间,依靠改革来改掉他的不良习惯是很难的。我跟他谈话的时候讲:如果工作时不让你抽烟,你能做到吗?他说不可能。我说:"你工作的时候中间必须休息几次,还要跟别人聊一会儿天,这毛病改得了吗?"他说改不了。是的,50多岁的人了,一些毛病和习惯都已经定型了,改起来是很难的。但是,后勤岗位编制是有限的,由于他不能独立完成该岗位的任务,所以后勤组坚持不聘用他。为此,我劝他转岗到厨房工作。但是,由于他还是改不了一些老毛病,厨房组也不聘用他了。通过调查,我了解到他本人患有严重的静脉曲张,不能长时间站立,而恰恰厨房工作又需要站着。为此,按照有关政策,在征求他本人的意见后,我们按照内退的标准为他办理了园内提前离岗手续。在最后一次谈话时,他哭了,他说他已经很感谢幼儿园对他的照顾了,还给了他转岗的机会,他现在已经很知足了,好多插队的人回京后还都不如他呢。

因此,在管理中既要有制度,也要有情感的东西,别把教职工的心伤了。改革就是为了调动大家的积极性,只有把幼儿园办好了,才会有我们大家的发展(包括我在内),没有一幼就没有我们大家的今天。

2. 管理者角色的调整

要实现幼儿自主地成长,教师自主地工作,充分发挥教师的教育潜能,必须重视管理者角色的调整。

管理者身份的调整:领导不是高高在上的。传统的观念认为"领导"就是管人的,所作所为都是不容置疑和否定的。这样的管理者其实并不被现下的实际情况所接受,领导不是"官",如果管理者总是高高在上,远远在前,这样只能脱离集体,脱离实际,也就无法与员工进行有效的沟通,不但工作做不好,还会起反作用。领导的目的和任务并不仅表现在如何更好地约束员工并使之服从,这不过是表面的附属形式。我们倡导"以人为本"的管理理念,把教育的两个主体——教师和幼儿置于核心地位,体现民主、平等、尊重和合作。回顾工作,我们认为:管理者所承担的身份和任务应该发生相应变化:管理者不仅要关心如何去完成这种教育理念,如何去落实和执行教育的核心内容,更要关注教师们如何将这种教育理念和核心内容落实在具体的教育实践中。园长应该由单一的管理者向多重身份转变:既是指挥者,也是服务者;既是组织者,也是协调者;既是领导者,也是执行者;既是管理者,也是朋友。管理者要以多种身份参与到教育教学的管理中,努力创设教师自主工作的环境,为教师提供创造性工作的空间。

指挥者—服务者。这两者的身份体现在有明确的目标和思路,但这个指挥者并不是居高临下的,而是能够积极投身于教育实践中,为教师服务,了解她们的想法及需求,给她们更多的关心与帮助,使教师们真正明确、理解、体会到两者之间的目的和意义。

组织者—协调者。管理者作为组织者和协调者,在这两者角色的调整中,首先要具体了解园中的各项实际情况,组织协调教师对本园的各项教学计划、教学目标等进行正确、深刻的把握,促进每个人专业、全面地发展。为此,管理者要亲自面对教师,合理配置园所中的全部资源,洞悉每一位教师的优势所在,共同制订研究方案,为其创造发展的机会,激励教师专业发展。

领导者—执行者。在管理中,若只靠管理者的行政命令来实施园所的方案或决策是不可能成功的。所以,管理者要带头执行方案或计划中的各项工作任务,通过自身观念的更新和教育行为的转变,带动全体教师的执行态度和力度,从而取得良好的效果。

管理者—朋友。管理者和教师只是分工上的不同,实现幼儿园共同的愿景是一致的。管理者还要做教师的朋友,在生活上关心教师,以真情感人;在工作上支持教师,以真心待人。这么多年,我为自己规定了三个"必须到":教职工父母去世必须到、教职工结婚必须到、教职工生孩子必须到。这三个"必须到"我坚持了很多年,并以此为重要原则。三个"必须到"不仅体现了园长在管理中人性化的一面,同时我也是以朋友的身份走进他们的生活,让同事们感觉到,管理者真的并不是高高在上,管理者也是普通人,也能够如朋友般与大家共处。

教师与管理者的对话,让一切变得简单。在今天,伴随着现代化、社会化程度的提高,人们的交往范围、交往手段都发生了深刻的变化,人与人之间、人与事物之间的相互影响无论在广度还是深度上,都进入了新的层次。因此互动的概念也涉及越来越多的领域。我知道,相互作用的过程及结果有积极的,也有消极的。按人们使用的本意,互动应该是一种使对象之间相互作用而产生彼此发展积极的改变的过程。

我们明白了互动是人与人之间交往所必需的,也应该明白很多矛盾和摩擦往往都是因为缺乏互动而造成的。因此,大家若能够敞开心扉,交流对话,那么很多问题便能迎刃而解。在管理一幼的过程中,我们注重与教职工的互动与交流,努力推行"教师与管理者的对话"式的工作氛围,鼓励思维的独立性与创造性,管理者不以任何形式、任何权威来压制教师个人的专业见解。这种氛围为教师提供一个创造性发挥教育智慧的空间,使教师可以就遇到的问题进行公开而自由的讨论,加深了教师对改革目标、思路的理解,实现了教师与管理者之间的交流,并通过这种交流促进了教师自主成长。

只有管理者不断调整和重新认识自己的管理角色,才能促进园所持续发展和不断创新,才能促进教师不断实践反思和专业提高,才能促进幼儿主动发展和健康成长。

二、民主管理

民主管理是相对于绝对服从、绝对权威的管理而言的,即管理者在"民主、公平、公开"的原则下,科学地将管理思想进行传播,协调各组织各种行为达到管理目的的一种管理方法。简而言之,民主管理就是一种群众参与下的多数人管理多数人的管理。

萧伯纳说过:"你有一个苹果,我有一个苹果,我们彼此交换,每个人还是一个苹果;你有一种思想,我有一种思想,我们彼此交换,每人可拥有两种思想。"而我认为,民主管理更是对园长的一种"解脱"。试想:一个由园长提出的意见(或规定、建议、方案等),上领导班子会变成几个人的意见,再上园务会就变成十几个人的意见,再上教代会就变成大家的意见了，因此大家在接受、执行和落实时也会很和谐、很顺利。我和一幼的干部、教师们正是在这种相互交流、互助和谐的民主管理中清除管理中的死角，形成螺旋式的上升。这种管理既符合被管理者的心理要求或"以人为本"的管理思想，也是管理者所追求的一种管理艺术。

1. 民主管理让工作更顺利、更和谐

毋庸置疑，在推行民主管理的进程中，建立相应的制度是关键。民主管理是制度管理中必不可少的一项制度，更是调动教职工工作积极性的有效途径。民主管理实际上体现的就是管理中的"人本管理"思想，把人和人的积极性当作管理的核心和动力，将全体教职工的主体意识和智能进行科学的组合，形成一个合理的结构，发挥合理的作用，使人的积极性主动地发挥、发展，最终形成一种力量，促进办园质量的提高。

例如，一幼在人事聘用、工资分配、考核评价机制改革中，各项方案、细则、制度都是经过领导班子会、园务会、教代会充分研究讨论，上上下下反复修改后才正式出台的，因此能够得到大家的认可和支持。而且在实施过程中，我们成立了由各方代表组成的评审小组，整个评审过程都是在评审小组的严格监督之下完成的。通过建立民主审议、监督机制，充分调动教职工参与管理的意识，保障了幼儿园及教职工的合法权益。

工资等级评审小组终审制。为了加大工资评审的民主管理力度并起到真正的公正、公平，我们成立了工资等级评审小组。评审组由党支部、团支部、工会、教工代表组成。教职工的工资等级与其考核评价的分数、等级挂钩，其申报环节有教职工自己评、教职工之间相互评、家长问卷评、主管领导综合评、评审小组终审评。公正、公平、公开的评审，让每位教职工都乐于接受、认可。

当事人员回避制。在评审过程中，我们发现评审小组成员特别关键，各群体都会根据自己的需要和利益，来为自己群体说话。如果站在教师的立场，那么教师代表就可能会对薪酬和福利上有所建议和要求。特别是在评工资等级时，当事人如果在现场的话，其他评委不好多说话。因此，为了确保评审小组工作的公正与公平，我们规定在评审过程中当事人员要回避。也就是说，当评审小组评到评审组成员本人时，该成员必须回避。

评审旁听制。有一段时间，我听有人传一些小道消息，说评审不公平，评审里面有猫腻，等等。什么原因呢？分析一下：还是不了解评审小组的工作。可是，这里没有什么不可告人的秘密，为什么不敢让大家听呢？为此，我提出了评审旁听制，即各组选派两名人员旁听，旁听人员可发表意见和建议，但是没有表决权。这种做法，大家都觉得特别公开、透明。有些旁听者还主动帮我们做说服工作，把评审会议的过程、情况向大家介绍。这样一来，有些有意见的人也不再说什么了。

这种人性的制度唤醒人的主体意识，弘扬人的主体精神，发挥人的主体能力。一幼是市级示范园，任务很大，也很重，干部和教师们的压力其实很大，可是大家的工作幸福指数却不低，这就与我们把教师当主人，想方设法调动其积极性是有关系的。在获得充分保障和自由的民主管理制度下，我们园的教职员工个个参与意识特别强，也敢说。她们给我提了很多很好的建议，而只要她们说得在理，我都会采纳。这对她们来说是一种鼓励，对我来说也是一种鞭策。因此，我真是挺感谢大家的。我也常对她们说："哟，你们说的那些我还真没有想到啊，太好了！"我和教师们常常似朋友般促膝长谈，这也是民主管理制度下预期实现的且已经达到的目标吧。

2. 教代会是促进民主管理的重要途径

我在担任园长之前，曾经担任过一幼多年的教育工会主席，因此对教代会工作有足够的认识。教代会是教职员工民主权力得以行使的重要机构，健全教代会制度可以推进民主管理。

我们园所有的方案、规章、制度等这些大事都是要上教代会讨论的，教代会由全园1/3的人组成，这一套手续特别健全，会议也相当正规。教代会组成代表是按比例分配的，教师、保育员、工勤人员各占1/3，由各个岗位自行推荐，如教师30多个人就要出十几个人，由她们自己选，要能代表教师的利益，在会上都要积极发言。全园160多人（编内人员）选出50多人，组成教职工代表大会。如人事制度改革的各项方案都要上教代会，要一条一条细致讨论，讲清楚，包括怎样评审以及评价标准等。例如，我们的"各类人员考核评价标准"已经进行了四次大的修改，上了两次教代会。在教代会上我不是主要人物,我的任务主要是听会,或对方案中大家还不清楚的地方,我再做进一步的解释。教代会由工会主席负责并主持,会议形式基本上是:集中听取方案,分组讨论方案,再集中审议方案。对集中上来的意见,会上能修订的修订,修订不了的带下会,经研究修改后再上会。针对审议结果在会上不能达成一致意见的,最后用投票或举手的方式表决,少数服从多数,并形成本次教代会审议通过的决议。针对有些问题,在讨论中教职工们可能会站在各自的立场上进行争论,但如果在大会上形成了决议,任何人都要服从、执行。实践证明,这一套民主管理机制大家都认可,也愿意接受。

一幼的教育工会及教代会在一幼发展的各个时期,都发挥了不可磨灭的作用,特别是在民主管理方面起到积极促进和推动的作用。

3. "三重一大"是民主管理的具体体现

"三重一大",即重大事项决策、重要干部任免、重要项目安排、大额资金的使用,必须经集体讨论做出决定的制度。"三重一大"都是牵一发而动全身的全局性、战略性、方向性问题,必须有科学、合理的保障系统。幼儿园的"三重一大"决策制度更应该杜绝"决策一言堂、用人一句话、花钱一支笔"的现象,杜绝拍胸脯、拍脑袋、拍桌子的愚蠢行为,成为实现园所科学合理发展的保障。

为切实执行党的民主集中制组织原则,加强一幼党风廉政建设,提高决策的科学化、民主化和公开化水平,一幼根据东城区教委、工委的工作要求,结合实际特点制定了《一幼"三重一大"工作制度实施方案》,并在工作中贯彻、执行。

(1)一幼"三重一大"的工作范围。根据一幼的实际情况,"三重一大"的工作范围主要包括以下具体内容。

①重大事项决策。幼儿园的发展规划及全园的学期工作计划、总结等;涉及办园体制改革、教育教学改革、教职工聘用、工资福利分配、规章制度、安全保卫、评优评先、奖励惩罚等重要问题;上级重要文件、重要会议精神的贯彻落实及向上级请示报告的重大事项。

②重要干部任免。幼儿园中层及中层以上干部(各部门主任、副园

长、园长）的任免。

③重要项目安排及大额资金使用。建设、修缮、改造园内基本房屋设施的工程项目；成批或政府采购目录内物品的采购；对外合作项目、国有资产出租出借等；年度资金预算安排和收入、支出状况；其他大额资金使用项目。

（2）一幼"三重一大"的具体说明。

①重大事项决策。幼儿园重大事项决策出台的程序：园领导班子酝酿并提出初步设想，交园务会讨论，在听取各方面意见的基础上进行修改，最后提交全园教代会审议，由教代会集体讨论后做出决策。教代会通过后，在全园会上宣布；若在教代会上未通过，则重新由领导班子修改，经园务会讨论后，再送交教代会审议。

②重要干部任免。幼儿园的行政副职（副园长）及中层干部由园长提名或党组织推荐，经党组织考察征求群众意见后，提交园务会议讨论决定。党支部成员按党章规定产生。工会主席人选由党支部推荐考察，先报教育工委组织部商议，同意后方可决定，由园长聘任，并报教育工委组织部、区教育工会商议后，按工会法规定产生并备案。

③重要项目安排及大额资金使用。幼儿园自筹资金的修缮项目经园务会讨论决定。若使用10万元以上资金的修缮项目，将报教委房管所审批，工程资金审计由教委审计科组织实施，施工完成后经审计后结算。幼儿园30万元以上资金的修缮项目，在每年初向教委房管所报修缮方案，经主任办公会审批后实施，施工完成后经委托的审计事务所进行审计后方可结算。

幼儿园购买10万元以上或不足10万元但属于政府采购目录内的物品，不管使用财政经费还是自筹资金，都将通过区教育技术装备部进行政府采购。

幼儿园年度经费预算安排和收入、支出状况，定期由财务向教职工代表大会（或教职工大会）报告，听取意见和建议。

关于其他大额资金使用及日常经费的管理问题，幼儿园均严格按照教育工委、教委的规定，视本单位资金流量大小，在听取园务会、教代会意见后，确定集体决策的数额及管理方式，每学期初，由各部门将部门所需物品进行预算，由财务和园务会审批后，实施并备案。

各项支出的发票,由园内4人签字(园长、主管领导、经手人、验收人,均不得代签)后,注明用途,财务部门才能报销入账。

(3)执行"三重一大"制度的措施保证。

①园领导班子成员,特别是园长,将严格按照党风廉政建设责任制的要求,坚持做到"一岗双责",带头执行"三重一大"的有关规定,并领导本园、本部门执行好有关规定。

②凡涉及"三重一大"的园务会议,幼儿园都将进行翔实的会议记录,并将会议记录存档备查。

③对未按规定程序审批、未按规定签字的资金项目,园长将拒盖公章,财务部门也将拒绝拨款报账。

④幼儿园党组织将发挥政治核心作用,发现"三重一大"实施过程中有不当之处,及时协调各有关方面予以纠正,并将重大问题报告给教育工委。

⑤园务会将对违反"三重一大"规定的相关责任人及主要领导追究责任,对造成严重后果的,从严处理。

"三重一大"问题一直是我们十分关注的热点、焦点问题。它的科学化、民主化、公开化有利于幼儿园集体资金、资产、资源的科学利用和监管,有利于加强园所廉政建设,完善工作机制,科学、民主、公开才真实具体,才能既起到"活血化瘀"的作用,又能达到"明镜高悬"的威慑效果。

4. 园长是推进民主管理的关键

园长要善于运用民主管理的方法。民主管理为不同群体提供表达自身意愿的机会,实现了领导和教职工之间的平等沟通,为利益的合理整合创造了条件。因此,民主管理是加强沟通、促进理解、化解矛盾的有效手段。只有加强民主管理,才能形成一个"又有集中又有民主,又有纪律又有自由,又有统一意志又有个人心情舒畅、生动活泼"的工作局面,凝聚教职工的力量,形成聚精会神办教育、一心一意谋发展的氛围。在民主管理的实践中我有这样一种体会:作为园长要正确对待教职工提出的意见,千万不要把人家的意见当成指责或儿戏。应该换一个角度想,人家提意见可以完善自己的方案，即使有的意见有偏颇，也可以引起自己对方案中可能出现的问题加以注意，并能提醒自己多想想，多从几个角度思考一些问题。因为作为一个管理者所面临的问题非常之多，不可能每个点都能想到。广开言路，虚心听取群众的意见和批评，鼓励大家积极参与，这对管理者的民主决策很重要。

我们在考核评价及岗位工资等级评审中，虽然园里的方案与大家的意见没有太大的差距，但是我们仍然随时倾听各方面意见，不断进行调整。如工资浮动比例，原来各岗位的等级差不一致，这样就造成各岗位评出的等级不规范，经过调整后，各岗位的等级差都相同了；又如荣誉称号，我们原来定为两年，也就是说一个荣誉称号可使用两年，在这两年内都有积分，两年后就不起作用了。后来大家提出荣誉称号受指标的限制，造成很多人够条件却因为指标的缘故而评不上。我认为这一条提得很合理，研究后，将使用年限改为5年；再如发表、获奖的论文，只要自己认真准备，发表、获奖的机会很多，所以将论文获奖、发表有效期定为两年。大家也曾提出要延长期限，但是我们认为写论文的目的是为了鼓励大家不断提高专业能力。通过我们的解释工作，大家也欣然接受了。

园长是民主管理的执行者、促进者。首先，园长要制定出合乎园情、科学的发展规划、办园理念、办园思想等。园长要从目标抓起，细化园所工作职责与目标，层层把关管理内容，通过健全组织实行全员岗位责任制、聘任制等相关制度，使分工做到明确，使各项工作协同发展，让工作责任与目标更加明确化。全体教职工分工明确，各负其责，人人知道自己该干什么，不该干什么，使大家心往一块想，劲往一块使，配合默契，形成一个团结协作、积极奋进的团队。其次，每位教职工都需要找到属于自己的管理坐标，获得支撑自身行为的心理支撑架。我们实行先人后事，责任到人的分管制度，实行谁的岗位谁负责、谁的班级谁负责、谁的活动谁负责的管理机制，努力建立起一支团结进取的精细化管理团队，变一人管理为大家管理，任务个个担、责任人人负，做到人人会管理、处处有管理、事事见管理。这样一方面能激发起教职工主人翁意识和工作责任感，提高教师自我成就感，增强工作效率；另一方面由于教职工参与幼儿园管理，增加了管理的透明度与可信度，增强了认同感，使幼儿园与教职工形成一个整体，人人明确自己的成长、提高与幼儿园事业发展的密切关系，提高了教职工的自豪感、责任感和使命感。

三、精细化管理

幼儿园由于工作性质、任务、环境、人员所定，具有其自身的特殊性。

一是工作性质的特殊性。幼儿园工作的性质是实施保育和教育的机构，工作性质具有双重性。

二是工作任务的特殊性。幼儿园工作的任务是为幼儿及家长服务，工作任务具有双重性。

三是工作环境的特殊性。幼儿教师的工作环境是每天面对6岁以下的幼儿，是极为弱势的群体。加之现在基本上都是独生子女，家长、社会对学前教育的要求高，因此教师工作压力大。

四是工作人员的特殊性。幼儿园的教职工95%以上都是女同志，有其自身的特点。如个性强，情感波动大，易受生活环境和生活负担的干扰，自我发展意识较薄弱，特别是还要经历恋爱期、怀孕期、生育期、哺乳期、更年期等，所以在女同志集中的地方问题和矛盾就会更为突出。

由此可见，幼儿园工作的特殊性决定幼儿园的管理更需要由散乱变为条理，由粗放型转变为精细化。幼儿园管理制度精细化的程度决定着保育、教育等各方面的质量和水平，蕴含着一所幼儿园的形象，体现着一所幼儿园的园本精神。精细化的管理要求管理中的每一个步骤都要精心，每一个环节都要精细。精细的管理是打造精品幼儿园，保持高质量教育水平的必要条件，也是幼儿园发展的有效保障。孟子云："不以规矩，无以成方圆。"规章制度是幼儿园的"法"，这是为实现幼儿园目标，对幼儿园各项工作和对各类人员的要求加以系统化、条理化，规定出必须遵守的行为准则和工作规程。规章制度的制定，对完成幼儿园各项任务，建立正常秩序，提高管理效率，均具有重要的意义。让制度全面、细致、有效、配套、完善是一项艰难的工程，也是一项宏伟的工程。这里的全面、细致、有效、配套、完善就是制度的五项评价指标，当一套制度实现了这五项指标后，就可以说这是一套精细化的制度。

1. 全面：管理的各个方面都有法可依、有章可循

幼儿园工作琐碎、事务繁多，涉及面广。因此，工作的方方面面必须有制度的把关，而全面的制度有利于管理的各个方面都有法可依、有章可循。例如，在食品卫生方面我们依据食品卫生法及市、区有关食品卫生的要求，制定了切合本园实际的各项食品卫生制度，共计30多项100余条。内容涵盖了从卫生检查、食品采购、加工制作、储存入库、食具消毒、饮水进餐等各项环节，使教职工在工作的每个环节都有章可循，有法可依，有制可管。如其中的卫生保健监督指导制度，里面包含了主管保健医在全面负责幼儿用餐防疫工作的基础上，如何协助主管领导对食品卫生安全、卫生消毒等方面进行监督、检查、指导并做好记录，发现问题及时报告，保健医一日三餐下厨房等多项条款。又如幼儿食品入口严把"四关"，即严把采买（采购人员）、验收（厨房管理人员、保健医）、制作（炊事人员）、入口（保教人员）四个关口，明确了四级把关责任人的具体工作任务和工作职责。

2. 细致：从常规工作到紧急事件的每一个环节都有明确的指示或规定

学前教育工作最大的特点就是"细"，因为我们面对的是学龄前儿童，稍不细致就会酿成大事，细致的制度便于教职工明确、理解、执行。

例如，在幼儿外伤紧急事件处理中，我们明确规定班上教师、保健医及主管领导的具体分工及职责，并根据外伤的部位、程度等到有关的医院就医，包括如何与家长联系，处理事后的一些事情，等等。这样在遇到外伤事件中大家都知道应如何处理，每个人都清楚应该做什么。

又如，一幼实验园的"预研究"制度，是在深入分析教师在研究中遇到的问题的基础上，确立本学期具体的教学研究重点，从而将研究专题细化为一个一个的教研问题。如根据上一学期发现的"语言教育目标在日常环节中渗透生硬、不自然"的问题，确定下一学期研究的重点：在环节活动中如何适时适度、自然有机地渗透语言教育目标。在日常研究中又细化为：哪些语言游戏适宜在松散环节中进行？如何巧妙利用墙饰促进同伴间的交流？如何运用简便、易玩、灵活、多样的玩具促进语言发展？在环节中有哪些话题可以发起？如何发起？细致的研究工作让每个问题都得到有效的解决。

再如，一幼考核评价制度，考核评价方法一项就非常明确、具体地指

出：考核中要坚持实行领导评与教职工评相结合、日常评与定期评相结合、单项评与综合评相结合的方式；采取教职工自我评、班级间相互评、家长问卷评、领导综合评、评审组终审评等多种方式进行，而且每项中又有具体的说明。

3. 有效：制度内容可以操作，即可以比较、判断、执行、评价，没有假话、大话、空话

制度的最终落点是实施、落实，没有实施、落实的制度形同虚设。对于管理来说，有一套成熟的、行之有效的制度是首要的，要从幼儿园实际情况出发制定出切实可行的制度。有效的制度既是全体人员工作的标准，又是大家行动的导向。

例如，一幼根据《北京市事业单位实行聘用合同制暂行办法》及《东城区中、小学教职工聘用合同制实施方案》，结合本园的实际情况，制定了《教职工聘用合同制实施方案》（以下简称《方案》）和《聘用合同制实施细则》（以下简称《细则》）。该方案包括：范围和对象、聘用原则、聘用程序、聘用合同的变更终止和解除、违反和解除聘用合同的经济补偿办法、未聘教职工的管理、聘任争议的处理、附则，共八章三十条。该细则包括：聘用期限、聘用岗位、聘用条件、聘用方法、聘用待遇、聘用考核、聘用调解，共七章三十二条。

《方案》《细则》细致、明确、具体、有效，确定了竞聘上岗考核基本原则、专业技术岗位聘用条件、岗位设置考核细则等，通过考核、竞聘完成岗位设置管理工作，使教职工聘用合同制有效落实。

4. 配套：各方面的不同制度彼此之间界定清晰、衔接完好，没有相互冲突、矛盾之处

一幼从1997年开始实施办园体制、机制的改革，创新成果有目共睹。改革成功的关键之一是形成了一套完整的体制、机制、制度体系，其中包括：体制改革、领导机制、收费机制、聘用合同制、工资分配制、考核评价机制等多款、多项方案、制度，每项方案、制度中又详细地制定了实施细则、坚持原则、落实措施等，而且每项制度之间相互衔接，相互支持、相互服务，没有冲突、矛盾之处，多项方案、制度形成体系，彼此间既相互包含，又可独立执行。

5. 完善：制度本身不合理的地方可以被及时发现，并能够获得及时修订

制度不是一成不变的，它是随着时间、环境、情况的不断变化而随时调整的，制度在实践的过程中又是与现实不断磨合、不断适应之后慢慢完善的。例如，我们在人事制度改革中，有的教职工提出评审不公平、谁上会谁的工资就评得高、评审过程有猫腻等意见。通过调查，我们发现是因为有的教职工不了解评审小组的工作过程和实情。为此，我们结合实际进一步调整和完善了评审制度，建立了当事人回避制度和旁听制度。当事人回避制度是指在会上评到那位评审组人员时，本人离开会场，评完此人后再回来。旁听制度是指各组选派两名人员到评审会旁听，旁听人员可发表意见和建议，但没有表决权，旁听人员到会起到监督评审过程及将评审情况传送出去的作用。调整后的制度有效促进考核评审工作的顺利进行。

我把精细化管理制度视为一种理念、一种文化、一种精神。精细化制度的建立有两种不同的方式，一种是预成式，一种是生成式。预成式指的是通过经验丰富的管理专家或领导根据本园的现状一次性提出一整套的规章制度，然后分阶段、分层次地进行贯彻落实；生成式指的是从解决关键问题入手，以民主商议的方式建立一些针对性的制度规定，并根据现实中出现的问题不断发展、增补、完善，逐步形成一整套精细的制度体系，让各项工作在制度的指导下和谐自动地开展。

我主张采用预成式和生成式相结合的方式建立幼儿园的精细制度体系，而在一幼的管理实践中，我也正是按照两者结合的方式，根据我们提出的"先行管理"理念，坚持以人为先的原则，逐步形成建立了一套全面、细致、有效、配套、完善的精细制度体系。这一套精细化制度的建立，为一幼的和谐发展和可持续发展起到了极大的推动和促进作用。

第二节 管理机制

一、举贤能不论举：建立能上能下能进能出的人事聘用机制

幼儿园的管理与改革最重要的是人事管理机制的运营和管理，人事机

制是幼儿园管理机制的核心，是幼儿园机制建设的重点。

（一）建立人事聘用机制的背景

经过广泛的调查研究和对本园实际的深入分析，我明确提出了"以改革为动力，以质量促发展"的办园宗旨。在实际管理过程中，园长经常会遇到一个难题就是没有用人权，想要的人进不来，不能用的人也出不去。由此可见，我们的人事制度还停留在能上不能下，能进不能出，重身份管理的水平上。这些存在的问题，说到底是制度问题。历史的经验告诉我们，制度产生的问题还要从制度上去解决。我认识到，只有进行人事制度改革，建立新的、行之有效的人事聘用机制，才能完成人事管理改革的使命。古代有一种说法"举贤不避亲"，而一幼采用的是"举贤不论辈"的人事选举制（聘用合同制）。

1997年9月，我带领教职工进行了第一次人事制度改革，实行全园岗位聘用制，尝试逐步拉开岗位结构工资的档次，解决教职工在岗能上能下的问题。

2000年9月，我们创建一幼附属实验园。实验园的建立，又一次加大了人事制度改革的步伐。当时摆在我们面前的是：两所不同体制的园，多种不同身份的教职工，是重体制、重身份，还是重岗位、重业绩，这是我们必须要解决的问题。为此，我又带领教职工进行了全园聘用合同制的人事聘用机制改革，这些举措大大激发了全园教职工的活力，调动起了每位教职工的积极性和主动性。

（二）人事聘用机制改革的具体措施

1. 统一认识，确定聘用合同制的基本思路

幼儿园进行人事制度改革的目的不仅是为了生存，更重要的是：通过适宜、有效的人事制度改革，提高办园质量，促进园所积极、稳妥、可持续发展。在教职工中形成能上能下、能进能出、人尽其才、任人唯贤、不断优化的竞争机制。贯彻按劳分配、多劳多得、优质优酬的分配原则，建立有竞争、激励机制的分配制度；建立、完善符合园情的内部管理体系；稳定教职工队伍，提高办园质量，促进幼儿全面发展。

实行聘用合同制，在前几年我们也说过也做过，但都没有真正落到实处，没有结果。那么这次怎样搞呢？为此，领导班子和园务会进行多次研究，大家一致认为：要改革，就要统一认识，统一思想，逐步落实。

实行聘用合同制，得到了大部分教职工的积极支持和响应，但在另一些人中也出现了几种不正确的想法。一是，"什么聘用合同制？分明是要整人，看谁不顺眼就不聘谁。"二是，"聘用合同制只不过是走形式，以前也搞过，不也就这样吗？"三是，"聘用合同制有什么了不起，我们就是教师，谁敢不聘？"面对种种说法和态度，我没有后退，反而更坚定了改革的信心。

首先，统一领导干部的认识，明确聘用合同制的目的是引进竞争机制，增强内部活力，调动教职工工作的积极性，促进办园质量的提高。因此，在聘用过程中，在利益分配上，都要一视同仁平等对待，不讲面子，不徇私情，不打击报复。

其次，我们还通过各种形式的活动，向教职工宣传改革的目的、意义，学习中共中央关于改革的文件精神，学习国有企业改革的经验材料，分析幼儿园面临的状况，等等。通过学习和研讨，大家的认识有了明显提高，一致认为改革势在必行。我们必须适应社会的发展和需要。实行聘用合同制，优胜劣汰，优绩优酬，使大家产生危机感和紧迫感，以此来激励大家工作的积极性和主动性。

2. 建立制度，保证聘用合同制有章可循

（1）建立以聘用合同制为基础的用人制度。在定岗、定编、定职、定薪的前提下，全园实行聘用合同制，对全体人员实行公开聘用，竞争上岗，重点解决能进能出的问题。聘用原则为：公开平等、按编制聘用、竞争择优、层层聘用等。幼儿园与不同身份的教职工按照国家有关法律、法规，在平等自愿、协商一致的基础上，通过签订聘用合同，确定幼儿园和个人的人事关系。实现用人上的公开、公平、公正，促进幼儿园自主用人，保障教职工自主择业权利，维护幼儿园和教职工双方的合法权益。

（2）建立有竞争、有激励机制的分配制度（在下面"分配机制"中重点介绍）。

（3）建立人事机制管理的监督制度。在人事制度改革中，建立各项监督制度，如聘任调解小组工作制度、评审小组工作制度、评审中旁听制、当事人回避制等，充分发挥教代会的作用，依法保证教职工参与民主管理和监督的权利。有关聘用合同制的方案、细则及各项规章制度等，都是经过上上下下反复讨论、修改后才正式出台的，因此，得到教职工普遍的认可。聘用评审小组及人事争议处理工作小组，在评聘过程中都发挥了监督、协调作用。

3. 逐步落实，确保聘用合同制的有效实施

为了使聘用合同制能顺利进行，在实践过程中，我坚持"分步走，稳落实"的原则，力争一步一个脚印，扎扎实实地做好此项工作。

第一步：深入研究，制订方案。

第一，我们根据本园的实际情况，制订改革方案及细则，明确目的意义、指导思想、步骤要求、坚持的原则等。

第二，按照国家一级一类园的验收标准，根据本园的实际情况定岗定编。依据一幼的办园规模和在园的幼儿人数，在保证全园幼儿正常生活、活动的情况下，科学设置全园岗位，每个岗位的人数根据工作量而定，使每个人的工作量达到满负荷。

第三，进一步完善各岗位工作职责，让每位干部、教职工明确自己的工作职责、任务及标准。

第四，根据各岗位的职责和工作量，制定各岗的工资等级标准，拉开级别档次，坚持多劳多得、向关键岗位倾斜的原则。

第五，制定岗位工作评价标准，依据岗位职责和实际工作效果评定，通过自评、互评、领导评、家长评、综合评等确定工资等级。

第二步：民主监督，层层把关。

方案制定后，我没有急于出台，盲目地执行，而是做了由上至下、由下至上的多方研究和讨论。例如，多次召开领导班子会、园务会、教职工代表大会等，充分让大家发表意见，发挥主人翁的作用，积极献计献策，使各项方案和措施更加完善，更具有可操作性，更让大家接受、认可。为了在聘用过程中充分体现民主管理和民主监督，我们还成立了聘用领导小组，成员有园党政领导、工会、团支部、教职工代表等。领导小组在既维

护幼儿园的整体利益,又保护教职工的合法权益的基础上,尽职尽责地做好各项工作,认真地行使大家赋予的权力,圆满地完成各项任务。

第三步:逐步落实,稳步推进。

各项方案出台后,我反复引导大家学习,领会其精神,了解其实质。我们实行的是层层聘用制:园长—中层干部—组长、班长—教师、保育员、夜班值班人员。落聘人员视为机动岗(实际上在园内待岗)。在此基础上,开始签订聘用合同。聘用期为1年,对表现突出的教职工聘用期为3年。

我们每年的聘用工作在当年的7月完成,9月开始实施。不论什么身份的人,都必须按聘用要求签订聘用合同,确保每个人的职、责、权、利到位。

实行聘用合同制,解决在本园工作能进能出的问题。以前最让园长头痛的是该进来的人进不来,该出去的人出不去,造成用人渠道不畅。通过聘用合同制,转换了用人机制,实现了事业单位人事管理向岗位管理转变;由单纯行政管理向法制管理转变;由行政依附关系向平等认同主体转变;由国家用人向单位用人转变。幼儿园可以按照聘用合同聘用、解聘教职工,教职工也可以按照聘用合同续聘或辞聘,人员入口、出口渠道疏通了,用人制度灵活了,教职工能进能出的问题解决了。

二、平等竞争,激励发展:建立有鲇鱼效应的分配机制

(一)分配机制的鲇鱼效应

分配机制改革关系到每个人的切身利益,按照市场经济的运作方式及市场规律,劳动人事运作方式,应是平等竞争、优胜劣汰、按劳分配、优绩优酬,可见分配机制在人事机制中又是最关键、最困难的。

鲇鱼效应即采取一种手段或措施,刺激幼儿园的教职工活跃起来投入到园所各项工作中积极参与竞争,从而激活整个幼儿园的工作状态,提高办园质量。其实质是一种负激励,是激活教职工队伍的奥秘。挪威人喜欢吃沙丁鱼,尤其是活鱼。市场上活鱼的价格要比死鱼高许多,所以渔民总是千方百计地想办法让沙丁鱼活着回到渔港。可是虽然经过种种努力,绝大部分沙丁鱼还是在中途因窒息而死亡,但却有一条渔船总能让大部分沙

丁鱼活着回到渔港。船长严格保守着秘密。直到船长去世，谜底才揭开。原来是船长在装满沙丁鱼的鱼槽里放进了一条以鱼为主要食物的鲇鱼。鲇鱼进入鱼槽后，由于环境陌生，便四处游动。沙丁鱼见了鲇鱼便十分紧张，左冲右突，四处躲避，加速游动。这样沙丁鱼缺氧的问题就迎刃而解了，沙丁鱼也就不会死了。这样一来，一条条沙丁鱼活蹦乱跳地回到了渔港。这就是著名的鲇鱼效应。

鲇鱼效应对于船长来说，在于激励手段的应用。船长采用鲇鱼来作为激励手段，促使沙丁鱼不断游动，以保证沙丁鱼活着，以此来获得最大利益。在幼儿园管理中，我们要实现管理的目标，同样需要引入鲇鱼型人才，以此来改变幼儿园相对沉闷的状况。

（二）4次分配的机制改革

在我任一幼园长的22年间，经历了4次工资改革，但每次都坚持充分发挥鲇鱼效应和"鲇鱼型"人才的作用，采用激励的手段，调动每位教职工的积极性。

第一次：1997年9月，我任园长的第五个年头，幼儿园各项工作基本捋顺，自收资金这部分也比较稳定，所以我提出要调整工资分配方案。当时我们实行的是结构工资，包括两部分：一部分是国拨工资，另一部分是自筹资金，也就是奖金的部分。这次主要是调整自筹资金这部分。这次由我先提出方案，然后经领导班子会、园务会、教代会调整、审议、通过后才实行。在这次结构工资分配中体现岗位、效益，拉开了岗与岗之间的差距，体现多劳多得、优质优酬，调动了教职工的积极性，特别是骨干教师的工作情绪一下子被调动起来了，这在当时的情况下，确实起到了很大的推动作用。这次工资分配改革延续了3年，到2000年8月结束。

第二次：2000年9月，我们创建了一幼附属实验园，这所新园完全是新的体制，所有都是外聘人员，在园人员的工资、奖金和所有的福利包括各种保险都由园里来支付。为了能让这所园早日良性运转，早日成为优质园所，我们把一幼多年的教育管理及课程建设经验引入该园，并且把两个园的人员混合使用。为此引发问题：岗位一样身份不一样，都是教师，都在一岗，甚至在一个班，你是编内的，我是编外的，如果工资待遇不一样,就会出现很多问题。那么到底是重身份,还是重岗位、重工作表现?为此,大家一致认为:一定要重岗位、重工作表现。如果岗位不一样、工作量不一样、责任不一样,那么报酬就不应该一样。要把市场经济的运作方式——按劳分配、优质优酬作为原则。所以,我又带领教职工们开始了第二次工资分配机制的改革。

贯彻按劳分配与按生产要素分配,效率优先、兼顾公平的分配原则,扩大本单位分配自主权,逐步建立重实绩、重贡献,向优秀人才和关键岗位倾斜,建立竞争、激励、自主、灵活的分配机制,是第二次工资分配的关键,也是分配机制改革的关键。按照这种分配原则,一幼在实施聘用合同制中,建立了有竞争、激励机制的分配制度——岗位等级工资制。

这次工资分配改革的重点是打破国拨工资,实行二次分配。也就是说,国家将正式教职工的工资划拨给我们,再加上我们的自筹资金,统一起来使用,进行二次分配。新的工资分两部分:一部分是岗位工资,另一部分是等级工资,根据不同的岗位、不同的星级制定工资等级标准,建立园内岗位等级工资制。新的分配机制原则如下。

1. 资金统一使用、二次分配的原则

为了促进内部竞争活力,打破国拨工资和结构工资框架(1997年分配方案),每月财政(人员)拨款资金和自筹奖金统一起来使用,按照园内的岗位、职责、业绩制定符合园情的、有竞争、激励机制的园内工资岗位等级标准,即二次分配。在二次分配中,新的工资等级标准不受身份、职称的限制,完全根据工作岗位及实际的工作表现来确定。每次的工资晋级、3%的奖励工资等均不体现,由园人事干部负责归档,待退休时兑现。每次事业单位调整工资,也实行二次分配的原则,按照工作岗位进行重新分配。

2. 多劳多得、优质优酬的原则

幼儿园从各岗位的实际情况出发,制定的各岗位的基础工资和等级工资均有差别,遵循多劳多得的原则,体现岗不同薪金不同,级有差薪金有差。

按照"按劳分配"的原则,根据各岗的性质、责任、任务不同,在工资分配上各岗之间是有一定差距的。如教师和保育员同在一个等级上的岗位工资相差四五百元,后勤岗低于教学一线人员,这样才真正体现"多劳多得"的原则。原来一线教师和后勤人员工资差不了多少,但教师的工作量、教师的责任要求是更大的。经过调整以后,现在的教师工资高于后勤人员。

3. 人随岗动、薪随岗调的原则

工作岗位不固定,工资待遇不固定,到什么岗位享受什么样的工资待遇。在聘用合同制中,全园实行层层聘任,因此,每个人的工作岗位都会依据个人的表现有所变化,相应的工资待遇也在不断地变化。针对不适合本岗位工作的人员我们也会给其转岗的机会,比如我们厨房有一位30多岁的女厨工,达不到厨师的要求,后经过保育员的上岗培训,转岗到班上做夜班工作,这样她的工资也没有受到影响,反而促进了她工作的积极性,也填补了园里工作的需要。

新的岗位等级工资包括:岗位基本工资和岗位等级工资。其中岗位基本工资又分为:2~4年为初期,5年以上(包括5年)为成熟期,基本工资是根据岗位、学历、工作年限而定,相对比较稳定。岗位等级工资按照一星级到六星级划分,六星级为最高级,教职工按照岗位标准及等级标准自己申报,再由评审小组根据其工作表现来确定。岗位每学年聘一次,工资等级每学年评一次。

扩大本单位分配自主权,逐步建立重实绩、重贡献,向优秀人才和关键岗位倾斜是这次工资分配改革的重点及关键点,如教师岗、保健岗、保育员岗等,都是排列在前的岗位;又如各部门主管、各班班长、各组组长等,也是职、责、权、利较大的群体,这其中有些人如果承担多项角色,工资待遇不低于主任级的干部。但是,正是这些人发挥着"鲇鱼型"人才的作用,在全园担当起排头兵、领头雁的领衔工作,为一幼的发展立下了汗马功劳。

在制定分配标准中,我们也考虑应届毕业生不同学历的分配标准:学历不同,标准不同。如刚来第一年只享受岗位工资,不享受等级工资。岗位工资从高依次排列是:研究生、本科生、大专生、中专生。从第二年开始进入岗位等级工资。2~4年是一个基数，5年以上又是一个基数。

工资分配是教职工最关心的问题，在岗位等级工资制中如果低评一级一年就少2000多元的收入，所以，教职工很关注这个问题。当时，按国家的标准，每年教育系统都有3%的人员能享受得到奖励档案工资升一级的资格，但每级也只不过才相差二三十元。以前大家每年都去争这3%，现在分配制度改革了，3%没有一位教职工去争，因为没有什么意义了。她们知道去争国家的一级也才二三十元，而且现在还不能马上兑现，还不如去争幼儿园的等级工资，上一级工资多出200多元，相当于国家工资一级的近10倍。

岗位等级工资制的评审过程体现民主、公平、促进、提高。例如，园里有一位区骨干教师，师德、师能都很过硬，教科研成绩突出，虽然有大专学历，但不是学前专业的，在评审中大家认为：根据本人的工作表现，这次可以评为四级教师，如果明年没有参加学前专业的学习，也只能评为三级教师。对此，该教师既感谢大家对她工作的认可，又促使自己一定要参加学前大专的学习。再如，园里一位教研组长，根据等级标准自己申报四级，但大家认为她工作很积极、努力、踏实，成绩凸显，为其评为五级，该同志第二天到评审小组谈了自己的想法，她说："五级教师是我努力的方向，但现在我还不符合标准，不能把组长工作和评工资等级混在一起，我要自己争取做名副其实的五级教师。"大家深为她的这种精神所感动。这次"岗位等级工资制"到2008年8月结束，历时8年。

第三次：2005—2006年以来，国家对教育系统的工作越来越重视，教师的工资待遇也相继不断提高。为此，园内新的问题又出现了。国家给编内教师调整工资，园内必须兑现，那编外教师怎么办呢？可编外教师跟着涨，哪来这么多的资金支撑啊？面对这种情况也引发我思考：一幼本园和一幼实验园人员长期混合使用，虽然有其优势，但也存在很多的问题。如体制不一样人员要求绝对一样是不好实现的；再如两园的经济来源不一样，实验园的编外教职工还要缴纳各项保险，也给园里造成很大压力等。如果说当初人员混在一起使用，是为了提高实验园的办园质量，那么现在已经过去8年的时间了，实验园也已经慢慢成熟，2004年被评为一级一类幼儿园，2007年被评为区级示范园，2008年被评为市级示范园。可以讲，现在应该到了两个园的人员可以分开的时候了。

2008年9月，我与领导班子研究，并召开教代会讨论做出决定：两园人员陆续分开，这项工作在两年内完成。一幼本园全部是编内人员，继续实行结构工资制；一幼实验园大部分是编外人员，只有几个干部、骨干教师是编内人员（为了加强这个园的力量），继续实行岗位等级工资制。

这次一幼本园结构工资又进行了一次调整，还是保留两部分，一部分是国拨工资，另一部分是结构工资。我们根据自筹资金的情况，在结构工资这部分继续加大了岗位、效益部分的比例，严格坚持"多劳多得，优质优酬"的原则。

实验园岗位等级工资制，也根据园内收支的情况进行了相应的调整。

这次工资的再次分配得到两个园教职工的满意，极大地调动了每个人工作的积极性。这次工资改革于2013年5月结束，历时5年。

第四次：从2013年1月开始，东城区教委对幼教系统实行"绩效工资"分配制度改革。绩效工资，又称绩效加薪、奖励工资或与评估挂钩的工资，其实是以教职工被聘上岗的工作岗位为主，根据岗位技术含量、责任大小、劳动强度和环境优劣确定岗级，以事业经济效益和劳动力价位确定工资总量，以教职工的劳动成果为依据支付劳动报酬，是劳动制度、人事制度与工资制度密切结合的工资制度。

为此，我们又制定了新的分配方案。该方案的指导思想是：为进一步推进幼儿园人事制度及分配制度改革，在上级核拨的绩效工资总量内，以按劳分配与按生产要素分配，效率优先、兼顾公平的分配原则为导向；以重实绩、重贡献，向优秀人才和关键岗位倾斜为原则；以建立竞争、激励、自主、灵活的分配机制为目标；进一步促进内部竞争活力，提高教职工工作积极性、主动性，全面提高幼儿园的办园质量。实施原则是：

（1）坚持以人为本的原则。尊重教育规律，尊重教职工在幼儿园的主体地位，充分理解学前教育工作的专业性、实践性、长期性及复杂性特点。

（2）坚持以德为先的原则。把师德放在绩效考核的首位，注重教师履行岗位职责的实际表现和贡献。

（3）贯彻多劳多得、优绩优酬、效率优先的原则。适当拉开分配差距，向一线教师、班组长、骨干教师岗位及成绩突出的教职工倾斜。

（4）坚持"公开、公平、公正"原则。资金分配的全过程实行阳光操作，分配方案经上级主管部门审核和幼儿园教代会审议通过后方可实施，确保教职工的知情权、参与权和监督权。

（5）坚持岗变薪变原则。鼓励教职工竞聘一线岗位，艰苦岗位，并根据自身专业化发展水平，发挥其优势及辐射作用。幼儿园坚持因事设岗、按岗聘用、以岗定薪的聘任及分配原则。

（6）坚持激励、促进、发展的原则。鼓励教职员工全身心投入到教育教学及园所的各项工作中，引导教职工不断提高自身素质和教育教学能力。

（7）坚持考核评价的原则。从各岗的实际情况出发，根据各岗位的职责、工作量、工作业绩，制定各岗位等级考核评价标准。

（8）坚持简便易行的操作原则。坚持科学合理、程序规范，讲求实效、力戒烦琐。根据教委要求绩效工资由基础性绩效工资、奖励性绩效工资、节日补贴、学年奖四部分组成。每年9月园内进行考核评定，综合岗位、职务、成果、工龄、职称、学历、出勤等，核算绩效工资。

三、有激励才有动力：构建科学合理的考核评价机制

（一）考核评价机制构建的背景

随着2000年9月，一幼的聘用合同制和岗位等级工资制相继实施，如何对教职工考核评价的问题越发凸显。在体制、机制的改革中，我深深地体会到：体制改革中最难的是人事机制的改革，因为人是改革的关键；人事机制改革中，最难的是分配机制的改革，因为关系到每个人的切身利益；分配机制改革中，最难的是考核评价机制，因为每个人都要得到公平、公正的评价。

我们的体制、机制改革始终把培养教师、用好教师、留住骨干、吸引人才作为改革工作的重中之重。可以这样讲，科学的教职工考核评价机制，既能为幼儿园园长、管理人员、幼儿家长提供有关教职工素质及其教育教学质量的可靠信息，也能为教职工本人指明不断改进和努力的方向。因此，考核评价机制既能发挥考核评价的作用，又能发挥引领和导向的

作用。

一幼的教职工考核评价机制就是在那时建立的，目的是调动教职工的积极性和主动性，公平、公正地评价每位教职工，评价的结果与工资分配挂钩。

（二）考核评价机制构建的过程

1. 考核评价标准的制定

建立科学、有效的考核评价标准还是挺困难的，对于这个标准我们前前后后修改了四次。第三次修改时，偶然一次机会，我参加了一次有关学前教育的研讨会，我们这个组是针对管理问题进行研讨的。在会上我介绍了一幼的"教职工考核评价标准"的制定，但一位专家对此提出异议，我们争论起来。专家提出我们的评价只局限于教师自身发展的评价，而没有涉及幼儿发展的方面，这是不科学的。

当时，针对这个问题我还真有些想不通，认为，教职工评价就是要评教职工自己啊。对此，我又看了一些有关资料，主要是关于管理者在评价管理对象工作时，不仅要注重管理对象的自身发展，还要注重管理对象的工作成果的问题。学习后使我恍然大悟：原来，前三次我们的评价标准更多考虑的是教师自己的发展，所以是按教师自身发展水平设计的，结果是引导着大家自我发展，自己上学拿文凭，自己写论文获奖，自己搞研究获荣誉等，全都拿这些东西来挣分。教师首先是工作者，不是学习者。学习者当然要求自己学习好，但工作者最大的任务就是培养对象的发展。幼儿发展的水平是评价教师的标准，教师发展的水平是评价干部的标准。

因此，我在修改第四次考核评价标准时更注重了培养对象的发展，增加了幼儿发展的评价标准。考核内容包括教职工自我发展、培养对象的发展、社会效应三大方面，其权重是：自身发展（德、能、勤、绩）30分；幼儿发展（五大领域的发展及综合能力）50分；社会效益（家长、园发展、集体奖项等）20分。

（1）自我发展包括政治思想（政治表现、职业道德、工作态度等）；业务水平（专业知识、教育教学能力、教科研能力等）；工作业绩（教科研成果、个人荣誉称号等）。

（2）幼儿发展根据每个岗位工作性质不同，标准不同。例如，教师重点侧重幼儿五大领域方面的发展；保育员则侧重幼儿自我服务能力、良好行为习惯的培养等方面的发展；行政领导重点是园所和队伍建设的发展等。

（3）社会效应是指家长工作和社会影响等方面的情况。这里包括与家长的联系及家长工作，包括幼儿园的发展，因为幼儿园的荣誉是靠大家努力的结果。例如，一幼获得市级示范园的称号，全园人人都有份儿；教师组获得了优秀教科研小组，组里教师人人有份儿。因为不论获得什么样的奖项都是一幼的光荣，这就是一种社会效益。

新的考核评价标准坚持的原则是：全面性——考核内容的全面性：教职工自身的发展、幼儿的发展、社会性的发展诸方面的内容；考核方法的全面性：自评、互评、领导评、家长评、评审小组评等；导向性——注重实绩，肯定贡献，指出不足，明确方向；可操作性——内容量化，过程简便，易于操作；客观公正性——坚持实事求是，增大透明度，客观、公正、公平地评价（见表2-1）。

表2-1　教师岗考核评价总表

教师姓名			初评结果			
一级指标	二级指标	三级指标	自评	互评	家长评	领导评
自我发展（30）	政治思想（7.5）	政治表现（2.5）				
		职业道德（2.5）				
		工作态度（2.5）				
	业务水平（15）	专业知识（5）				
		教育教学能力（5）				
		教科研能力（5）				
	工作业绩（7.5）	教科研成果（5.5）				
		个人荣誉称号（2）				

续表

教师姓名			初评结果			
一级指标	二级指标	三级指标	自评	互评	家长评	领导评
幼儿发展（50）	健康（10）	心理发展（5）				
		体能发展（5）				
	语言（10）	倾听与理解（4）				
		阅读与表达（6）				
	社会性（10）	自我认识（3）				
		情绪情感（3）				
		交往行为（4）				
	科学（10）	态度与认知（4）				
		基本经验（6）				
	艺术（10）	感知与欣赏（5）				
		表现与创造（5）				
社会效应（20）	家园沟通（14）	家长工作（7）				
		家长反馈（4）				
		家长满意率（3）				
	社会影响（6）	承担任务（4）				
		集体荣誉称号（1）				
		社会工作（1）				
	累计分数					
奖励原因				分数		
处罚原因				分数		
评审总分		评审等级		本人签字		

2. 考核评价规定的实施

每次考核评价之前都要做好周密、细致的各项准备工作，大会小会都要讲，让每一个人都明白，都清楚，都有充分的思想准备，因为这项工作影响着幼儿的发展，幼儿园教育质量的提高，影响着每位教师的发展。评价的方法及规定如下。

幼儿园成立考核评审小组，成员由党支部、行政、工会、团支部、教职工代表组成，各代表人数按各岗总人数的比例确定，组长由各园主管领导担任。

考核评价工作每学年评定一次，在第二学期末进行，具体是：放暑假前完成自评、互评、家长评、领导评；新学期开学后马上完成评审小组的最终评定。由人事部门负责发放、回收考核评价表。

考核中要坚持实行领导评与群众评相结合、日常评与定期评相结合、单项评与综合评相结合的方式；采取教职工自我评、同事间相互评、家长问卷评、领导综合评、评审组决定评等方法进行。

在考核中，要坚持实行"师德一票否决制"。对违反教师职业道德规范的教职工，年终考核结果不能确定为称职及称职以上档次。

注意加强对各岗位的日常工作考核，及时将考核评价信息反馈给教职工本人，注意积累日常考核评价资料，为期末考核工作做好准备。

考核结果进入每位教职工的业务档案，考核评定的成绩与新学年岗位等级工资挂钩，并作为教职工晋级、职称评审、评优评先等重要的参考资料。

分数等级：以70分为及格分。70.1~75分为一级，75.1~80分为二级，80.1~85分为三级，85.1~90分为四级，90.1~95分为五级，95.1~100分为六级。一幼教职工职级分为六级，不过我们还没有一名教师达到六级，最高只到了五级，就是最高级别的教师了，大部分的教师都在四级和三级，我们对各级别的教职工数没有限制，主要看达不达标。当然在评审过程中也会出现一些问题，如个别人或小组给自己打高分、不能客观评价自己等，我们的做法是先由主管领导把关，再由评选小组综合审议，评选小组的评审为最终的评定。

针对考核评审工作，园里成立了劳动争议协调小组。如果自己申报的等级与评审小组评审的等级有出入，先由主管领导做工作，如教职工还不满意可以反映给劳动争议协调小组，该小组的任务是负责协调、解决在评审工作中的争议问题。协调小组由党支部、工会、团支部、教职工代表组成，由工会承担主要工作任务。如果发生有争议的问题，教职工可以以书面的形式递交协调小组，协调小组经各方面调查后进行调解工作，如果园工会解决不了，还可以往上提交到区教委工会解决。考核评价工作多年，我们还没有一例到教委要求解决问题的。

3. 考核评价方法的多元

一幼的教职工考核评价制度不是一种单纯的人才评价制度，而是以评价教职工的综合素质为目的。评价不仅仅通过考察教师已经取得的学术技术成就和工作业绩来评定教师的学术技术及业务水平等级称号，还通过自评、互评、领导评、家长评等方面，最后由评审小组评定，评价方法是多元的。

（1）教师自评。在评价实践中，教师应该既是评价的客体，更是评价的主体。所谓自我评价，是指教师按照一定的评价目的和评价标准，对自身工作进行价值判断的活动。自评主要是使教师对自己的教育教学行为和全面发展状况进行反思，包括自己的优势和不足，其目的不在于评优评劣，而在于形成改进计划，促进教师自身的提高。通过自我评价，评价对象由被动接受评价变为主动参评，这有利于发挥其主体作用，形成自律机制和激励机制。如考核评审前期，一幼的每位教职工都会根据考核标准给自己打分，并填写自评表。在这个过程中，教职工针对自己的工作进行反思，找出成绩和不足，给自己一个合情合理的分数。

（2）教师互评。职业习惯化的原因，往往会使一些教师在最初进行自评的时候难以看到自己教育教学行为中的"盲点"。进行互评，多渠道获得的信息可以最大限度地减少这种现象发生，帮助教师发现被定式和习惯掩盖的问题。引导教师在互评过程中说真话，说实话，从正反两方面正确剖析教师的实际情况，促进教师自我反思能力的提高。参与互评人员要本着相互学习、相互交流的精神，切实做好评价工作，促进教师的主动发展。如班上4位教师，其中3位给另一位打分，3位的平均分就是这位教师的互评分。

（3）领导评。领导评体现的是民主与集中。这要求每位领导要心胸宽广、真诚、客观、公正地对待每一位教职工，这时也是衡量一位干部道德、素质的关键时刻。在评审阶段，一幼各部门主管领导会根据所属人员的工作表现，日常检查工作记录，各项活动评比，其他部门、家长等反馈上来的信息，以及各方面的情况综合给每个人打分。

（4）评审组评。评审小组根据自评、互评、家长评、领导评的分数进行综合比较、评审，最终给每个人一个公平、公正的评审结果。评审中针对有异议的问题，采取举手表决的方式裁决，少数服从多数。在评审组会上坚持"旁听制"，即各岗位推荐代表到会旁听，监督会议过程。"当事人回避制"，即如评到评审组成员时，评到谁谁就应离开会场，评完后再回来，避免当事人在场大家不好意思讲话的问题。评审组评是最终的评审结果，没有特殊情况不能随意修改。

（5）家长评价。为了更好地发挥评价的作用，注意评价的客观性、广泛性，我们还重视幼儿家长对教职工工作的评价。我们将希望了解的情况通过问卷的方式发放给家长，家长按照他们的感受进行打分，并将其结果纳入到教职工的考核评价中。在这份问卷中，对所有教职工都有家长满意率的评价，包括行政领导、保教人员、后勤人员，各个方面的情况，最后汇总的都是满意率。我们把评价分为差、较差、一般、满意、很满意，只要到满意，都算在满意率上。一共有十几个问题，便于家长回答。

这些问卷由我们组织人员进班发放，当场收回。比如说家长会、半日开放，在家长比较集中的时候，家长填完以后马上收回，由主管领导测算。家长评价结果向各班组公布，各班组再根据评价情况进行分析，并制定调整措施。

原来我们定的评价标准有一条：收到多少家长的表扬信就给教师加多少分，但这样一来反倒变成鼓励家长给教师写表扬信了。后来我们把标准改为：收到多少家长批评信（包括电话）就减多少分。目的是通过评价调动教师做好家长工作的主动性，让教师学会如何将问题转化为契机，将坏事变为好事。评价标准的调整不仅不会激化教师和家长的矛盾，而且还会促使教师及时解决好家园问题。

考核评价机制创新极大地调动了教职工的积极性和主动性，大家都为自己确立了更高更新的标准，并以此来规范自己的行为。

例如，我们原来参加课题研究，就那么几个人，而且参加课题研究的人员都很被动，现在全体教师都会争着参加课题，没有一个不参加的。

又如，参加论文评比，原来只是交几篇，现在大家都争着交，而且有些人还交两三篇,教师们认为自己交两三篇,怎么也有一篇能获奖的吧。现在每年论文的数量也从原来的几篇发展到几十篇,论文的质量也不断提高。还有接待观摩活动,原来谁都不愿意承担园里的对外接待观摩的任务,现在都是争着接待,后来我们就不安排,按班轮流,大家都有机会。为了更好地做好家园同步教育的工作,各班利用周六、日时间跟家长一块儿组织孩子的亲子活动。每次活动都是有记录的,一学期做多少次亲子活动,都纳入评价当中。

再如,园里一位50多岁的男教工,在考核、聘用中转岗到厨房,工资待遇受到一定的影响。为此,他克服年龄大、记忆力不强等困难,积极参加厨师培训班的学习,在他退休前不仅能制作每日幼儿的面食,而且还能为孩子们烤制二十多种小点心,深受小朋友喜爱。园里还有一位保育员因考核落聘,转为机动岗,她便努力工作,争取再次上岗。

总之,多年来,结合一幼的实际我与教职工们一起开展了有竞争、激励的人事机制创新(包括聘用合同制、工资分配制、考核评价制等),极大调动全体教职工的积极性,大家都为自己确立了更高、更新的标准,这些标准便转化为行动的准绳,由此自觉工作的人多了,努力提高自身素质的人多了,爱岗敬业的人多了。

第三节　幼儿园的财务管理

其实,园长在管理中重点就管三件事:管人、管事、管钱。俗话说"钱要用在刀刃上",花钱也是一门学问。资金作为个人、家庭、区域乃至国家生存和发展的物质基础,除了必要的货币储备外,还需要依靠它的投入,进行未来战略储备,而在对未来的战略储备中,教育无疑是极其重要的领域。当前,我国学前教育事业发展中的主要矛盾是优质教育不足与教育需求旺盛之间的矛盾。出现了从婴幼儿时期就开始为争夺优质教育的竞争,严重干扰教育均衡发展的推进。要改变这种状况,除了政府要继续加大对学前教育的投入外,幼儿园还要注意节流资金、用好资金。

教育是社会发展的主要因素,教育的发展必将有力促进经济的增长。党的十八大报告明确指出教育必须摆在优先发展的战略地位。我国是世界上需接受教育人口最多的国家,而我国的教育投资与发达国家相比仍有着相当大的差距。教育要发展离不开经济的支持,当然,政府对学前教育的投入很重要,但更重要的是幼儿园如何更科学、合理地安排和使用这些资金,使其发挥更大的支持和促进作用。

一、使资金成为改革的支撑,活力的撬杠

经济是基础,随着社会主义市场经济的深入发展,如何提高资金的使用效益,充分发挥其在各项经济建设中的作用,显得越来越重要。

多年来,一幼这个大家庭在各级领导、社会各界的关心和支持下,经过全园教职工的共同努力,不论在建园还是提高办园质量方面均有很大发展,同时经济效益也比较好,这是事实,但有钱不等于会花钱、会用钱、会使钱产生效益。如何"加强财务工作管理,提高资金使用效益",一直是我很重视的问题。

随着社会要求"入好园"的呼声越来越高,一幼的生源也越来越好。社会效益好了,相应的一些不良思想倾向开始出现。例如,有的人讲:现在有钱了,不发白不发;也有的人讲:给多少钱,干多少活;有的人花起钱来大手大脚,为幼儿园采购东西不讲价钱;有的人工作中浪费现象严重;还有的人对投资改造园舍有意见……有时在资金使用方面园领导的意见也不统一。针对这些情况,我们进行了认真分析和研究,认为出现这些思想不是偶然的,是当前计划经济向市场经济转轨中的必然。关键是大家对当前的经济体制没有一个明确的认识,混淆了国家、集体、个人之间的关系,错误地认为:幼儿园是我们这些人干的,挣来的钱理所当然是我们大家的。因此,明确认识、转变观念,做好教职工的思想工作,是我们的主要任务。首先,统一领导干部的认识,进一步明确合理使用资金的目的和意义,"为官一任,造福百姓"不单单只是让眼前的教职工生活好起来,更应该让幼儿园好起来,为一幼今后的发展奠定基础,这才是真正的"利在当代,功在千秋"。其次,我们还通过各种形式的活动,向教职工讲清楚国家、幼儿园、个人这三者之间的关系,学习有关的文件和国有企业改革的经验,深入了解市场经济的发展形势,幼儿园面临的状况等。通过学习和研讨,大家的认识有了明显的提高。认识到:改革开放,市场经济,

促进了幼儿园的发展，也体现了我们的劳动价值。离开幼儿园，我们个人无从谈起，这就是"大河没水小河干"的道理。大家还认识到：市场经济的运作方式是优胜劣汰。因此，我们不能只看到一幼的今天，更要想到一幼的明天、后天，幼儿园也和家里一样，不能过有今天没明天的日子。教职工们还针对目前幼儿园的经济状况和资金使用情况，提出许多很好的意见及合理化的建议。由于大家有了明确的认识，因此，说风凉话的人少了，关心幼儿园发展的人多了；铺张浪费的现象少了，勤俭节约的人多了。统一认想，转变观念，为一幼今后的发展奠定了良好的思想基础。

二、资金使用的制度管理，层层把关

在财务工作管理中，既要重视观念的转变，更要注重制度的建立。因此，建立行之有效的财务管理制度，是做好财务管理工作的关键。多年来，一幼在财务、财产工作方面，除严格遵守教委规定的制度外，还针对本园实际制定了一些园内制度。这些制度的建立，解决了实际工作中的问题，加强了财务工作的管理，使我们受益匪浅。

制度的建立，有利于相互监督，层层把关。例如，园里成立审计小组，建立审批制度。制度中明确规定法人、主管领导、财会人员的工作范围及权限，如园长有1000元以内的审批权，主管领导有500元的审批权，超出权限的要经领导班子、园务会审批，必要的上教代会讨论。又如，采购制度中规定外出购物必须两人以上、注意进货渠道等，把住人员管理及进货关。验收制度中规定货物进园由验收人检验，票据由主管领导、经手人、验收人签字等，把住质量关、价格关。园务公开制度中规定每学年园内的资金预算要经园务会、教代会讨论通过，资金使用情况向教职工汇报，每月的园务会上由主管领导汇报财务工作等。这些制度的建立严格了财产权限，促进相互监督，层层把关。

制度的建立，利于各司其职，各负其责。建立财产管理制度，目的就是让大家明确自己的工作职责、保管权限，所担负的责任等。例如，幼儿园同中、小学不一样，每班的财产都很复杂，特别是一幼玩/教具多、档次高，幼儿的生活用品也不少，每年都会出现由于交接班不严谨，有些物

品丢失说不清楚的现象。为此，我们制定了物品交接班管理制度。制度中明确规定，每学年如班长调换，新、老班长进行物品交接，交接情况与园里财产管理人员核实，如不照章执行，发现问题由两位班长负责。与其配套的制度有物品发放、登记、检查、报损制度等。这样各班组都很自觉地看管好属于自己负责的财产，按时接受检查、验收、报损、交接班，杜绝了财产丢失说不清楚的现象发生，维护了幼儿园的利益。再如，针对一幼园大、人多、事务性工作琐碎的特点，为了进一步明确责任到人，我们制定了维修、报修制度。各班及时上报（设专项登记本）要维修的项目，后勤及时维修，如没上报，出现问题由班组人员负责，上报没维修由后勤负责。这样增强了每个人工作的责任心，使破损财产及时得到维修，就可以减少浪费，节约开支，又可以及时杜绝危险隐患。

制度的建立，有利于调动教职工的积极性和主动性，节支增效。在财产管理中，我们还结合园里的实际情况制定创收节支奖励制度、浪费处罚制度、损坏丢失赔偿制度、财产工作计划检查评比等制度，这些制度的建立极大地调动了教职工的积极性和主动性。例如，财会人员定期汇报财务分析，提供信息及有关数据，坚持原则，敢于抵制和拒绝违规要求。财产、档案、资料管理人员，账目清楚，每个库房物品归类井井有条，干净、整齐。她们的工作均受到教育局、幼儿园的肯定，评为先进，档案工作晋升为市先进。为了迎接市级示范园的验收工作，园里有大量的门窗和墙壁需要粉刷，为了节约开支，后勤人员加班加点自己做，本应花几万元钱的事情，他们只用2000多元就完成任务。节约用水是一幼一件头疼的事情，每个月要用2000多立方米的水，原来总是错误地认为：幼儿园大、孩子多，用水多是必然的。但这种情况引起后勤管理人员重视，他们利用多种方法进行测试和检查，最终发现由于没有混水装置，每班要经过反复的调水后才能使用，这无疑造成了很大浪费。事后进行了改造，根据季节全园二十四小时衡温供水，又更换了所有的管线和水龙头，现全园每个月用1000多立方米的水，既节约了大量的用水量，也节约了用水的支出。

三、资金的统筹规划，合理使用

市场经济飞速发展，社会和经济效益越来越被人们看重。产生这种效益的因素，一是人的精神，人的主体性；二是物质，物质是基础。我们对财务工作的管理，关键就是要挖掘资金使用的最大潜能，统筹规划，合理使用，充分发挥其积极因素，获取最大的使用效益。

坚持合理的预算编制。"预算"已成为一幼每年不可缺少的一项工作，它是幼儿园一年资金使用的依据，它使园长心里有底，使教职工心中有数。预算编制以"量入为出，统筹兼顾，保证重点，收支平衡"为原则，结合本园实际，做到收支平衡，不留赤字。每年的预算编制都要经过园务会、教代会讨论通过后方可执行。

统筹规划，合理使用。一幼的各项开支很大，为了解决好资金供需的矛盾，考虑财力的可能性，我们一切从实际出发，分轻重缓急，统筹安排，合理地使用有限的资金，既保证幼儿园的各项开支及园舍改造，又保证教职工个人收入不受伤害。资金分配比例基本上是：公用部分占60%左右，个人部分占40%左右。多年来，由于我们在公用部分资金使用得比较合理，很大一部分用于改造办园环境，投资的计划性和目的性较强，因此效果显著。

不断改善办园环境，有效促进幼儿的发展，产生了良好的社会和经济效益。幼儿园的资金投放，过去我们往往重视的是硬件建设，而忽视了软件建设。如今，我们把资金的投放重点也放在了队伍建设上，例如，在教师外出学习考察、继续教育、专业培训等方面，每年我们都要投入十几万元。此外，我们还要为教师们提供一个良好的工作环境，并一再追加资金为教师配备计算机室、资料室，兴建健身房及解决了教职工子女入托、入学等一些福利待遇问题。

四、财务管理中的几点体会

第一，做好财务工作，党、政、工、团要认识一致，形成合力，充分发挥各职能组织的作用，从不同的角度开展好工作。

第二，做好财务工作，要加强民主管理，增大资金收支的透明度，把园长一人过日子,变成大家共同过日子。

第三,做好财务工作,要提高干部、教职工的法制观念,学法、懂法、用法,依法治园,用法律约束自己的行为。

第四,做好财务工作,要不断提高财务管理及工作人员的综合素质和业务能力,掌握现代化的财务管理手段,进一步提高工作效益。

第五,做好财务工作,领导干部,特别是党政一把手要以身作则,模范地执行各项财务制度,不出现违规行为。

第三章　对幼儿园的课程领导

第一节　园长的课程领导力

一、园长的课程领导力是园本课程建设的关键

幼儿园课程改革是幼教改革的核心，因为课程集中体现了教育思想和教育观念。多年来，学前教育并无统一的课程教材。《幼儿园教育指导纲要》《3~6岁儿童学习与发展指南》（以下分别简称《纲要》《指南》）的出台，给了幼儿园广阔的园本课程开发空间。同时《纲要》和《指南》也明确指出，幼儿园要坚持实事求是的原则，从具体情况出发，切忌搞一刀切。而园本课程建设成败的关键是园长课程建设的领导力是否到位，是否坚强有力，因为它是关系到园本课程建设、实现改革目标的重要节点，直接影响到幼儿园教育目标的落实情况。我想如果把园长的园本课程建设的领导力作为一种工具来说，可谓是发挥了"双面胶"的功效，它既与提高教师专业化发展有紧密关系，又与促进幼儿的全面发展密不可分。

如何理解领导力及园本课程建设的领导力？

领导力就是指在管辖的范围内充分利用人力和客观条件，以最小的成本办成所需的事，提高整个团体的办事效率。

领导力就是让下属自愿服从的能力，核心是"自愿"。管理更多靠的是制度与流程的驱动，但领导力却是一种影响力、一种让下属自愿跟从的能力。

园本课程建设的领导力就是指在园本课程建设过程中充分发挥教职工的主体性，充分利用各种教育资源，以实践为基础，以研究为手段，以日

常工作为途径,以解决教育实践中的问题为重点,通过系统地总结梳理形成有效的、科学的、能够落实教育目标的、促进幼儿可持续发展的适宜性课程。

在多年的园本课程建设的实践中,我深感园长在课程建设中的领导力是关键。

园长作为园本课程建设的第一责任人,在整个园本课程建设中其领导力要体现在准确把握上层课程建设的指导方针与思想,不断地积累课程开发与建设的相关理论知识,紧紧抓住课程中的问题,并在教育实践中深入研究。园长头脑中的背景性信息决定他能够在多大程度上、多广的视野里明确课改的趋势以及自身发展的定位。

在一幼园本课程建设中,我始终坚持"园长亲自挂帅,园领导人人参与"的原则,运用科学的教科研方法,带领一幼的教研团队展开了持续的研究和实践活动。

二、分析园情是确定园本课程建设的最佳思路

面对一幼"一园五址"的现状,我反复思考的问题是:如何让5所园都能优质、高效地发展,让每一个孩子都能接受最佳的学前教育,让每所园都能凸显特色,成为品牌园!为此,我提出了努力实现"扩园不稀释教育质量"的办园目标,目的是让更多的孩子接受优质的学前教育,努力满足人民群众的需求。

园本课程建设要在园所的培养目标下,立足幼儿的需要,认真分析自身特点,挖掘自身的优势与课程资源,确定园本课程的目标,在"想做什么"与"能做什么"之间取得一种动态平衡。我们把"为孩子拥有快乐的人生奠基"作为办园理念,其内涵是:让自信自主成为孩子的人生态度,让探究创新成为孩子的思维方式,让审美愉悦成为孩子的性格品质。这是我们"想做什么"或者说是我们的培养目标,而我们"能做什么"就是我们要分析自身条件,确立各园课程目标和研究内容。明确的课程目标加上切实的领导力,才能有针对性地研究教育内容,落实教育目标,提高教育内涵,这是园所长久发展的重要保障。

教育改革的核心问题就是课程改革,而课程建设是一个从更新观念到

观念如何转化成行为的探索过程。由此可见，园本课程开发前一定要明确目标，厘清思路，制订切实可行的研究方案。为此，我在一幼发展的不同时期、不同阶段、不同园所，都会根据幼儿发展的需要，园所的现状、教师的发展等问题，与研究团队进行认真的分析和研讨，并采取多种形式开展访谈、调研、查资料等工作，在此基础上制订前期方案，再到教师中共同广泛商讨，在这个过程中专家、家长等各方主体共同参与，对课程方案反复进行了解、把握、研讨，通过几轮的修订后再出台、实施。

三、治学启智育人，让孩子享受最佳的学前教育

教育家苏霍姆林斯基曾经说过："我们教育工作者的任务就在于让每个儿童看到人的心灵美，珍惜爱护这种美，并用自己的行动使这种美达到应有的高度。"在幼教领域，深入研究教育活动和教学现象，积极创造新的教育模式，让孩子们享受最适宜的教育，让园所得到最有效的发展，让社会感受最满意的幼教，这是学前教育工作者共同的使命。新的教育模式的创立，需要有创新的思维、丰富的资源和大胆的实践。

幼儿园课程改革是幼教改革的核心，因为课程集中体现了教育思想和教育观念。《纲要》和《指南》鲜明地体现了"从幼儿出发，以幼儿为本"的教育理念，强调每个幼儿富有个性的发展，强调学前期的教育既要满足幼儿当前成长的需要，又要有利于幼儿未来乃至一生的长远发展，这些都从理论的高度为我们实施素质教育，为课程的开发与实践指明了发展方向。

这些年来，在《纲要》和《指南》精神的指引下，我带领一幼的干部和教师们潜心研究，大胆实践，进行了综合艺术教育、汉英整合双语教育、多元文化教育、生活化的科学教育的园本课程的研发，这些课程的开发有效地促进办园质量的提升，促进幼儿身心健康和谐发展，促进教师专业化的提升。幼儿的发展体现在以下几个方面。

幼儿的主体性品质得到发挥和拓展。在各项活动中孩子们敢于大胆地想象，勇敢地表现，不断地创新。孩子们在参与活动的过程中，逐渐形成勇于探究、开拓创新的人生态度，乐于分享、善于合作的交往能力，善观察、勤思考、乐动手的学习品质。

幼儿参与活动的兴趣和综合能力显著提高。在综合艺术活动中，我们发现参加表演区活动的孩子越来越多，表演内容越来越丰富；在过渡环节、户外活动、生活环节中，常常能听到、看到孩子们在自发地进行歌唱、律动、角色表演等；在六一联欢活动中，全园幼儿都登上了舞台，他们的表演赢得了家长和来宾们接连不断的掌声。通过开展丰富多彩的双语活动，幼儿对学习、使用双语的兴趣有了明显提高。过去是教师要求幼儿说幼儿才说，现在幼儿能够主动用双语交流，在自由活动中情不自禁地重复学到的英文儿歌和歌曲，在见到客人时能用英语大声地向客人问好等。在多元文化教育活动中，幼儿在认识自我、了解他人的基础上，学会了欣赏、包容、接纳、尊重不同文化背景、不同地区和国家的人们，并乐意与他们共处。例如，幼儿参加了"礼仪文化"教育主题的系列活动后，他们懂得、学习、运用基本礼仪、公共礼仪等，激发了孩子们遵守社会行为规则的主动性，培养规范了言行举止的意识，树立了"文明小主人"的小公民形象。在生活化科学教育活动中，幼儿能主动探究解决周围事物和生活中出现的各种问题，并在探究过程中能够运用各种感官积极地观察、操作、实验，对探究结果进行推理得出结论，用适当的方式表达并能与同伴进行交流，这使幼儿学到如何去获取知识，也就是学会了如何去学习。

幼儿的社会性情感与行为有了明显的变化。当孩子们共同参与一个活动，共同绘制一幅作品，共同完成一项小实验，共同编排一部小剧的时候，画面色彩的整体协调、音乐内在的节奏韵律、游戏中的规则和要求、实验中的配合默契等，都促使幼儿在合作中积极与他人协调，愿意吸纳不同意见，逐步养成自我调整、遵守规则的行为习惯，从而在共同生活中体验到归属与被认同的快乐。

第二节 一幼的园本课程

一、综合艺术教育：启迪孩子的美好心灵

（一）综合艺术教育的目标和方式

在研究初始，我们首先要弄清楚的一个问题就是：为什么要在艺术活

动中强调突出"综合"？这是我们最关注的问题，也是大家内心的疑问。如果对这个问题认识不清或把握不准，会影响到课程方案的制订以及课程建设的全过程。为此，我们展开了前期的调研、学习和讨论，得出的答案是：

其一，从最基本的体验来讲，我们生活的空间本身就是一个综合的环境，正所谓大千世界，包罗万象。

其二，人的发展是综合的，人对艺术的感知感受是综合的。艺术是相通的，任何一个懂得艺术的人，在他欣赏艺术作品时，都不会只有单纯的一种体验。例如，音乐虽然是听觉艺术，但器乐的演奏需要手指的精细动作，声乐的演唱需要言语、发声的控制，指挥家需要体态语言的表达，音乐欣赏更需要想象、联想等高级心理活动的参与等。

其三，既然艺术本身就具有综合的特点，那么在开展艺术教育时我们就不能只是单纯地追求某一种艺术技能的表现，而应当重视培养幼儿的综合艺术素养。

在课程研究中我们还发现综合艺术教育课程中的"综合"，主要具有三个方面的特点：一是在艺术教育内容上要丰富多彩，在艺术教育形式上要多种多样；二是注重艺术领域与其他领域的联系与交流；三是注意同一艺术门类间的相互联系与沟通。因此，在综合艺术活动中，我们注重艺术门类间、艺术与其他学科间的融合与沟通，以获得整体优化效应，主要表现在艺术作品的丰富多彩、艺术手段的多种多样、艺术要素点击和信息传递的相互融通，从而形成艺术教育合力，形成艺术上的通识、通感。

在综合艺术活动教育中，音乐、美术、戏剧、舞蹈等不同的艺术门类不是互相割裂，互不相关的，它们以生态的方式相互交叉融合，彼此相通，互生互补，成为一种有机融合的艺术体系，这构成了综合艺术教育活动内容综合的第一个维度。第二个维度则是指在有关每一种艺术门类的每一次活动中，都可以自然、适当地渗透初步的美学、艺术创造等方面的内容。在综合艺术教育中，综合可以通过"一领域切入，兼及数领域"的方法，也可以通过"一日活动综合"（大综合）的方式来具体实现。

1. 综合艺术教育的目标

基于对幼儿需求及《纲要》的认真分析，从幼儿的兴趣出发，从幼儿的生活经验起步，从幼儿的情感体验入手；以音乐、美术、戏剧、舞蹈四种艺术门类为手段，通过对各领域教育目标的整合、教育内容的丰富、教育方式方法的多样，发挥艺术教育的合力。在这个基础上提出以艺术教育为载体开展"综合艺术教育"课程的开发与建设，把促进幼儿艺术能力与人文素养的全面发展作为课程目标。

何谓人文素养？人文素养是指一个人成其为人和发展为人才的内在素质和修养，包括积极乐观、崇尚仁善、热情助人、热爱生活，有较强的责任感、自制力，做事认真，能准确、流畅地运用母语，思维清晰、灵活，逻辑严密，有独到见解，言行得体，有一定文艺特长，会品评高雅艺术，等等。发展"人文素养"的核心就是"学会做人"——做一个有良知的人、一个有智慧的人、一个有修养的人。

艺术能力，是指人对艺术要素感知、创造、反思的能力。艺术能力的发展能有效地促进个体思维能力的发展，也有利于个体良好个性的形成，一个具有良好艺术修养的人不仅能深刻感受到生活中的美，还能形成乐观、开朗的个性品质。

因此在目标制定的内容上，综合艺术活动从以往以知识技能的传授为主变为注重人文素养与艺术能力的整合发展。

在课程目标基础上，我们依据教育对象的身心及认知特点提出"五性"作为对综合艺术教育课程的理论内涵理解。

（1）教育目标突出人文性。综合艺术活动教育目标更关注幼儿整体人格的发展，关注幼儿艺术学习的兴趣、艺术的感知体验、表现创作、交流合作等基本能力和人文素养（尊重、关怀、友善、分享、合作等）的整合发展。强调以幼儿发展为中心，淡化学科知识体系，突出幼儿的情感体验、想象创造、交流与合作，力求艺术教育目标与《纲要》幼儿教育总目标联系起来，促进幼儿终身的可持续发展。

（2）教育内容突出综合性。综合艺术活动在教育内容上注重多样化，提倡为幼儿提供与幼儿生活环境、情感、文化、科学密切相关的人文主题和不同艺术表现形式的作品、信息活动等，紧紧围绕艺术与生活、艺术与文化，调动幼儿各种感官，丰富幼儿艺术感受体验，发挥综合艺术的教育效果，同时与其他领域内容相互融合、相互支持、相互加强，形成一种生态关系，以获得整体优化效应。

（3）教育过程突出愉悦性。设计运用丰富有趣且符合幼儿年龄特点的艺术游戏，通过丰富幼儿艺术情感的体验与感受，培养幼儿参与艺术活动的兴趣，引导幼儿体验艺术活动带来的快乐，最终使幼儿快乐自主地学习。

（4）教育方法突出游戏性。重视组织形式、方法的多样化，提倡体验式、探究式、情境式、生成式、互动式的教学方法，发扬科学有效的接受式、引导式、指导式的传统教学方法，通过集体、小组、家园结合等多种感受性活动进行学习。

（5）教育评价突出多元性。强调以幼儿发展为中心，更关注每个幼儿在艺术学习过程中的兴趣态度、艺术能力和人文素养在原有基础上的提高。尊重师生的个性差异和程度差异，采用促进性评价。充分发挥评价的激励作用，突出评价方法的多元化等。

2. 综合艺术教育课程呈现方式

基于一幼长期的研究基础以及自身的特点，我们把园本课程定位为"人文主题统领下的单元综合艺术教育活动"。呈现方式：以"主题活动网络图"为基本框架，以音乐、美术、戏剧、舞蹈等多种艺术形式为手段，通过对教育目标的整合、教育内容的丰富、教育方式方法的多样化，进行促进幼儿全面发展的综合艺术教育实践。主题之下分成若干个单元，每个单元之下会通过不同门类的艺术活动来完成总的教育目标，活动的形式不仅局限于教学活动，还根据单元目标的要求设计有趣的教学活动、区域游戏活动、亲子活动等多种形式，使单元教学达到了更好的效果。综合艺术活动的设置并不是把各学科内容简单地拼凑在一起，而在于融洽的和谐性。我们把主题综合艺术活动看作是一个完整的系统，各年龄班之间、各学科之间，不同内容之间，各种教学方法之间有着密切联系、不可分割。

例如，主题《国旗飘飘》包括三个单元。

单元一：美丽的五星红旗；

单元二：祝福祖国妈妈；

单元三：中国心。

三个单元下又有若干个艺术活动（见图3-1）。

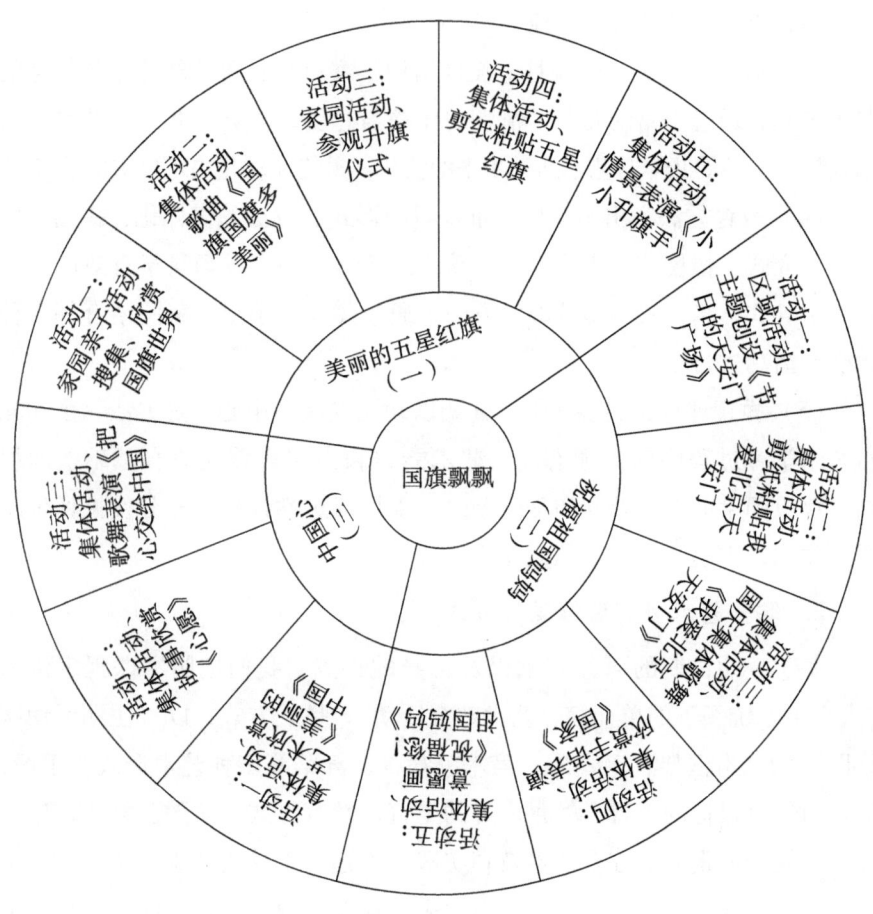

图3-1 国旗飘飘单元内容

（二）注重课程研究的过程和实施的效果

园本课程的构建需要在实践中逐步完善，课程方案的实施过程实际上就是行动研究的过程，经历着"实践—检验—完善—再实践"这样一个不断反复发展的过程。

1. 课程研究要注重目标制定的"六性"

课程开发初期，通过孩子们的表现和教师们的反馈，我们发现在设计活动时常常出现制定活动目标时过大、过泛，操作性不强，人文素养和艺术能力不能有机整合等问题，于是我们认真分析实践中活动目标方面出现的问题，展开了相应的研究，最终总结出活动目标制定时要注意突出"六性"。

（1）目标的制定要突出整合性。教育活动目标将人文素养与艺术能力进行有机整合，以人为本，在发展幼儿艺术能力的同时，培养幼儿内在的素质和修养，这是综合艺术教育最核心的价值。

如在小班综合艺术活动木偶剧欣赏《小兔乖乖》活动目标的制定中，针对艺术能力发展方面提出了"理解故事主要情节，初步了解木偶的表演方法"的目标。这一目标是要通过鲜活、生动的木偶表演使幼儿知道故事梗概，发展幼儿的理解能力，初步了解木偶的拿握及表演方法。在情绪情感的发展点上提出了"产生愿意欣赏木偶剧的兴趣"的目标。这一目标是在活动过程中通过教师的引导、幼儿的观察，感知木偶鲜艳的色彩、造型的可爱、表演的生动，从而产生对欣赏木偶剧这一艺术形式的喜爱之情。

又如在中班综合艺术游戏《小兔和狼》活动目标的制定中，针对艺术能力发展方面提出了"初步感受音乐高低、速度、强弱的变化，学习用肢体动作、面部表情等表达对不同音乐的感受"的目标，在艺术游戏过程中运用对比的形式突出培养了幼儿对音乐高低、速度、强弱的感受，并通过扮演小兔和狼，对音乐的感受进行肢体动作和面部表情的表现，发展幼儿的感受力和表现力；针对情绪情感的发展方面提出了"在音乐游戏中体验活泼、快乐的情绪"的目标，这一目标的关键是使幼儿体会音乐游戏与其他游戏的不同和有趣，并运用角色扮演随音乐的不同特点而在进行表现的过程中体会快乐的情感体验。

（2）目标的制定要体现发展性。幼儿是不断发展的个体，教育作为推动幼儿发展的主要因素，应适合幼儿的发展，并善于利用幼儿的最近发展区，使教学走在发展的前面。为了真正实现教育的这一功能，教师既要保证活动目标适宜幼儿年龄特点，又要使目标对幼儿具有一定的挑战性；既要研究和把握本班幼儿身心发展的实际水平，又要确定幼儿进一步发展的潜力、方向和步伐。为此，教师要观察、了解幼儿发展的现状和内在需求，了解幼儿的最近发展区，使目标处于幼儿的最近发展区内，并促进幼儿潜在的发展水平向现实水平过渡。而目标的挑战性应是适度地超越原有的生活经验，是幼儿的认知水平所能及的，是幼儿能够体验到的。

综合艺术教育遵从幼儿发展规律，从幼儿角度出发，重幼儿知识经验的感知感受，从幼儿发展的角度对目标进行描述。关键词多用感受、尝试、体验、喜欢等（见表3-1）。

表3-1 综合艺术教育目标

年龄班	活动名称	关键词	活动目标
小班	艺术活动《青蛙与荷叶》	感受快乐	感受音乐的强弱变化。有初步的角色意识，能够快乐地参加艺术活动。
中班	艺术游戏《风之叶》	对比感受体验游戏	在角色扮演中能对比感受音乐性质的变化，大胆想象、自由表现美丽的树叶，体验游戏的快乐。
大班	彩绘《我喜欢的丑角》	发现体验	欣赏中发现丑角脸谱的特点，在装扮表演戏曲角色人物中体验表演的快乐、加深对京剧的兴趣。

不难看出，目标中幼儿是第一行为人，是从幼儿的角度来说明将要尝试什么，感受什么，扮演什么，表现什么，最终落在提高幼儿的艺术表现力和情绪情感体验上。

（3）目标的制定要体现适宜性。目标的制定要符合班级幼儿身心发展的特点和认知规律。幼儿的成长是受生理和心理成熟机制制约的，其身心发展有一定顺序，这种顺序是由先天因素决定的。这种发展规律表现在到一定的年龄，幼儿就会做该做的事情。因此在制定活动目标时，要结合本阶段幼儿身心发展的特点。同时，目标的制定还应遵循幼儿的认知规律，让幼儿有更多自主的、以游戏为基础形式的学习活动的时间和空间，从目标制定角度则更应考虑对幼儿可持续发展是否有真正的价值。

如小班综合艺术主题活动《可爱的小动物》中目标的制定：在观察模仿、表现中发现小动物的色彩、形象、动态等特点，感受小动物的可爱；学习运用语言描叙（述）、歌唱、律动、角色扮演等艺术手段自由想象与表现并与同伴交流。

在这个主题活动中，教师紧紧抓住动物是孩子们的朋友，他们对小动物有与生俱来的好奇与关注，他们会保护小兔子，给小乌龟喂食、和小鱼对话这一关键点。因此在制定发展目标时，借助小动物们不同的形、神、声、行等艺术要素，调动幼儿视觉、听觉等多种感官，感受小动物的可爱，引导幼儿运用多种艺术形式表现自己的感知与体验，在培养艺术能力的同时引发他们关爱小动物，体验人与动物之间的亲密关系，并将这种关爱迁移到日常生活中对人与人亲密关系的理解和体验中。

（4）目标的制定要体现实效性。活动目标要具体、明确，有较强的针对性和实效性。在艺术活动中要发展、促进幼儿的哪些基本技能、技巧，要培养幼儿的哪一种情感，都要有较明确的说明，否则活动目标就失去了它的指导作用，使得活动组织起来比较困难。因此，活动的目标应突出重点，不能过于泛化。这种目标的制定能使教师有计划且高效地引导幼儿的活动。它提供了评价的效果标准，易使教师看到活动的成功与否，操作性很强，教师容易掌握。在实践中我们得出结论：把大目标细化为具体的小目标，使目标变成一个个艺术教育的发展点。

如《国旗飘飘》主题活动的目标是：感知国旗的颜色、构图的美丽；了解国旗背后动人的故事；聆听感受庄严的国歌；欣赏相关形式的艺术作品，丰富幼儿的艺术感受经验，在歌唱、绘画、表演、制作等艺术活动中，提高艺术学习兴趣及艺术表现能力。其中，综合艺术活动剪纸粘贴五星红旗，是单元《国旗飘飘》课题一"美丽的五星红旗"中的第四个活动。目标定位在：①感受国旗的色彩、造型与图案设计的庄重、美丽。②掌握五角星的折剪方法，体会合作制作的乐趣、萌发幼儿热爱国旗的情感。

（5）目标的制定要体现系列性。艺术本身来源于对生活的体验，幼儿的艺术活动也不能离开幼儿的生活体验。所以我们必须深入幼儿的生活，去发掘他们关注的热点，在开展一系列活动中培养幼儿的艺术感知力、观察力、想象力、表现力和尊重、关怀、交流、合作、分享的人文素养。

"爱家庭、爱父母"是中华民族的传统美德，然而随着社会环境的变化，使得"爱家庭、爱父母"这种良好的社会观念日趋淡化，幼儿在家庭中唯我独尊，以自我为中心。生活中只知自我，不知分享，只知被爱而不知爱人，长此下去，幼儿会在这种盲目的爱的滋养下，性格自私，待人冷漠。这种溺爱势必会对幼儿的一生造成极坏的影响。作为一个独立的个体，孩子应学会感恩、关心、报答，学会爱。

因此，一幼在体验亲情这一主题下，开展了小、中、大班系列单元综合艺术活动。如根据幼儿的年龄特点、生活经验、情感需求等情况，分别在小班开展《妈妈爱我》、中班开展《爸爸和我》、大班开展《亲亲一家人》的单元活动，使幼儿从关注自我，以自我为中心慢慢过渡到关注身边的人，体验亲情，回馈真情。

（6）目标的制定要体现层次性。综合艺术教育活动目标的体现是由大到小，由概括到具体，由面到点，层层深化、层层落实的过程。

第一层面——主题：是依据《纲要》的要求，特别是艺术领域目标的要求，结合幼儿发展、需要、兴趣而设计，体现艺术与生活、与情感、与文化、与科学的关联。

第二层面——单元：根据主题发展的需要、脉络进行分解，分解后的单元目标要明确、具体，针对性强。

第三层面——活动：围绕单元目标需要而设计的丰富多彩的教育内容，以及多种多样艺术教育形式的活动。此时的目标操作性强、内容明确具体、形式多种多样。

2. 活动内容及活动方式的选择要为发展目标服务

（1）活动内容体现关联性与丰富性，实现幼儿整体发展。"人文主题统领下的单元综合艺术活动"，最关键的是人文主题的确定。在主题内容的选择上，围绕人与人、人与社会、人与自然而确定，并以幼儿的社会实践为线索，挖掘艺术教育价值，突出四个关联，即艺术与情感、艺术与生活、艺术与文化、艺术与科学，实现幼儿艺术能力与人文素养的整合发展（见表3-2）。

表3-2 大班主题内容的安排

项目	艺术与生活	艺术与情感	艺术与文化	艺术与科学
人与人	快乐小剧场	亲亲一家人	中华民族园	
人与社会	大马路 小交警	国旗飘飘	小戏迷	秋天的图画
人与自然		动物宝贝		色彩大家庭

如表3-2中"快乐小剧场"这个主题，因为有生活的地方才有剧场，剧场是生活的一种体现。剧场里的演员是人，观众是人，服务人员是人，

因此这个主题是艺术与生活、人与人的关联。也可以讲，"艺术与生活""人与人"这两个方面横纵交错产生了"快乐小剧场"这个主题，因此在这个主题中重点应落在艺术与生活、人与人方面上。主题的关联性使每个主题既突出综合，又突出重点，既不盲目综合，又防止挂一漏万。综合艺术教育课程中的43个主题全部都体现了关联性。

可供开展艺术活动的内容应该是丰富多样的，我们对这些艺术资料进行认真收集和选编并加以分析，以满足幼儿艺术学习的需要，突出艺术作品的感染力，拓展幼儿视野，提高欣赏水平。例如，为了使幼儿萌发对京剧国粹艺术的喜爱之情，在《小戏迷》艺术主题活动中，我们选择了丰富且易于幼儿理解的京剧曲目，如猴戏《闹天宫》《十八罗汉斗悟空》，丑角剧目《三岔口》《时迁盗甲》，花旦戏《霸王别姬》《拾玉镯》，现代京剧《红灯记》等剧目的折子戏或经典片段，丰富幼儿对京剧相关粗浅知识的了解，体验京剧表演的快乐。

活动内容的选择也伴随幼儿知识经验的不断丰富、知识技能的不断积累，逐渐由单一到全面，由浅表到深入。在《快乐小剧场》系列单元活动中，3年间幼儿就能欣赏到12种不同艺术形式表现的戏剧作品。

（2）活动过程突出愉悦性，引导幼儿获得积极的情感体验。愉悦性即突出艺术教育的核心价值——陶冶情操（激情—动情—感情—表情—真情）；注重从幼儿兴趣出发，从幼儿生活经验切入、从幼儿情感体验入手；探索如何丰富幼儿艺术情感的体验与感受，调动其参与艺术活动的兴趣，使幼儿在艺术活动中体验成功、感受快乐。艺术教育的真谛是情感教育，为此我们确立了激发兴趣、创设情境、激励性评价三部曲艺术教育法，由情感的投入带来美的感受与体验，进而萌发表达与交流的欲望。

三部曲艺术教学法之一：激发兴趣。教师运用形象、生动、富有感染力和启发性的语言、艺术作品，调动幼儿的视觉、听觉、运动觉、空间知觉等，感受艺术活动的乐趣，从而激发幼儿参与艺术活动的兴趣。

三部曲艺术教学法之二：创设情境。教师为幼儿创设感受、体验、交流的平台，创设适宜的情境，丰富幼儿的情感体验与表达交流的手段、方法，并支持幼儿运用绘画、肢体语言表演、歌唱等多种形式自由表达。

艺术感受法。艺术的魅力是一种可意会而不可言传的东西，更多的时候是需要人们用心去感受的。而幼儿年龄太小，无法像成人一样去分析、去理解。所以，在教学中，我们注意引导幼儿多观察生活，将生活实例与艺术活动相结合，从而逐步增强幼儿的艺术感。比如，在大班单元《奇妙的声音》中，我们让幼儿充分感受生活中所能听到的各种声音，让他们在活动中模仿、表现；带领幼儿到室外去"寻找声音""搜集声音"，然后，将幼儿找到的这些声音对应上相应的节奏，让大家来拍读，从中感受长短、强弱、高低的艺术要素，使幼儿初步了解艺术与生活密切相关。

欣赏陶冶法。艺术欣赏是视觉艺术与听觉艺术的综合。因此，艺术欣赏可以充分陶冶情操，体验"美"的乐趣。在教学中，我们注重对每一幅画、每一首歌的欣赏，不仅有喜悦的、欢乐的，也有悲伤的、愤怒的，让幼儿从中体验人生的喜、怒、哀、乐，增强情感体验和情感表达。在"图画中的声音"这一活动中，除了提供有关图片之外，我们还让幼儿感受了"照片里的声音"，欣赏了《海底世界》《两个小牧童》《快乐的幼儿园》等多张照片，因为照片中的内容均与幼儿的生活体验息息相关，所以，幼儿的感受是非常真切的，因此达到了很好的教学效果。

互教互学法。教师教、学生学，是传统的老模式。在艺术活动中，我们大胆尝试了让幼儿教幼儿的方法。在中班单元活动"有趣的民间玩具中"的学习中，教师发现有的孩子在制作毽子的过程中，有自己剪的方法（一张长方形纸，先留出1/5，再将剩下的4/5对折两次，然后将对折部分依照从左到右的顺序一下挨着一下地剪，最后剪出梳子形，展开后塞入铜钱中，就做好了一个毽子），刀法很细致，于是教师就让这名幼儿来当小教师，教给教师和其他的小朋友，这个方法不但调动了大家的积极性，而且充分挖掘了幼儿的创造潜力，也增强了幼儿的自信心。

三部曲艺术教学法之三：激励性评价。强调以幼儿发展为中心，运用幼儿自评、互评、教师评、家长评等多种评价方法，使幼儿获得自信与成功，从而激励幼儿艺术活动中情感的投入。在"小鸟的家"活动中，我们让幼儿首先对自己建设的小鸟的家进行介绍，说出：这个家好在哪里？为什么会让小鸟喜欢？有没有什么不合理的地方？鼓励每个幼儿大胆表述自己的观点，然后，让大家互评：如果你是小鸟，你最想住在哪个温暖的家？为什么？采用这种评价方式，既增强了幼儿的参与意识，又使他们体验到了成功的快乐。

(3) 活动方法强调游戏性，尊重幼儿玩中学的天性。游戏是幼儿喜闻乐见的活动形式，也是综合艺术活动的一种有效的教育方法，我们根据单元目标、单元活动内容的要求，创编了大量的艺术游戏，将教育目标融入游戏之中，使幼儿在玩中学、在学中玩，在此过程中获得发展与提高。

如在小班《可爱的小动物》这一单元中，设计了"老鹰捉小鸡""小兔乖乖""狼和小羊"等游戏；在中班《跳舞的秋叶》单元中，设计了"快乐的落叶""我是一片秋叶"；在大班《大马路 小交警》这一单元中设计了"我是汽车小司机""有表情的红绿灯""会说话的手势"等游戏。这些游戏有教师们改编的，也有教师根据幼儿发展目标的要求自己创编的。为了帮助幼儿学习、掌握相应的艺术能力，如进行涂色练习时，教师设计了"为小动物穿衣服"的游戏，提醒幼儿"天气冷了，小动物们都要换上厚厚的衣服，我们在给它们'穿衣'时可千万不要让它们冻着了，别把它们的身体露在外面……"就这样，教师运用了游戏的语言和形式引导幼儿一下一下地将颜色涂匀、涂满……这些都体现了教师们在尊重幼儿在游戏中学习的同时促进幼儿的自主学习。

又如在进行小班主题活动《多彩的春天》中的一个活动"种子宝宝"时，教师以故事讲述和种子生长记录册展示的形式引出，通过对种子不同形状、颜色、大小的语言描述与生长记录图片的展示，为幼儿塑造角色的外部形态、角色扮演奠定了基础。然后，又运用复习歌曲《种子宝宝》，并欣赏教师表演的方法帮助幼儿回忆播种的过程及生长过程中的动态，最后运用歌唱表演的形式鼓励幼儿大胆扮演一粒小种子，并运用形体动作、舞蹈律动表现种子从种在土壤里到破土而出再到长出小嫩芽的全过程。在整个活动中，教师运用了多种教育形式和方法，调动了幼儿的多种感官，向幼儿展示了视觉（图片、教师表演）、听觉（歌曲、音乐）等多种形式的艺术作品，融合了科学（种子生长过程）、语言等非艺术领域的知识，完成了在歌舞和角色扮演中感受种子生长过程及感受春天美好景象的教育目标，使幼儿体验到了表演中的乐趣。

(4) 活动形式强调探究创新，帮助幼儿成为艺术活动的主人。活动过程在注重趣味性与游戏性的同时，更加注重幼儿在活动中自由自主地探索与发现。如中班音乐神话故事欣赏《八十八棵树》采用对钢琴声音的自由探索方式引入，请小朋友先在钢琴上找一个有趣的声音，并引导幼儿关注自己是在钢琴的什么位置上弹奏了什么颜色的琴键，发出的声音像什么。这种引入方式给予幼儿一个自由探索与感受的机会，激发了幼儿对下一个活动环节的学习兴趣。教师还通过设置问题情景，引发幼儿去发现、解决问题。如大班剪纸活动《拉手小人》中，教师引导幼儿采用探索学习五步法，即猜一猜、试一试、齐分享、再尝试、共提高，探索连续拉手小人的折、画、剪方法。

在组织活动过程中我们还总结出了许多有效的教育指导方法：①对比发现法：通过对比，引导幼儿发现作品的相同和不同之处，如把两种不同性质的音乐放在一起，从节奏、节拍、速度、情绪上培养幼儿分析比较的能力；②多媒体互动法：运用多媒体技术"形、声、光、色"等特点，调动幼儿的多种感官，提高学习兴趣，优化教学过程；等等。

3. 注重一日生活中的融会贯通与渗透积累

生活是艺术的源泉，艺术根植于日常生活，所以艺术教育要走进幼儿的一日生活，要让幼儿从生活中感知和体验，通过潜移默化的影响、循序渐进的渗透，在充满艺术气息的环境中和无数次的艺术活动中得到发展。所以，我们确立了大的教育观与课程观，把艺术教育融入幼儿的一日生活，把幼儿一日活动中的各个环节视为综合艺术教育课程的一部分，让艺术与生活融会贯通。

（1）抓住一日生活环节，让艺术与生活融会贯通。环节活动时间是幼儿一日生活的重要组成部分，如起床、盥洗、如厕、进餐、收放玩具、饮水等各个环节，教师要抓住这一时机，将艺术活动融入幼儿一日生活的各个过渡环节之中。如在收放玩具环节，经常会听到教师不停地提醒幼儿"要收玩具了""快去洗手""该小便了"等。而艺术中音乐的特点是寓教于自由活泼、愉悦淳朴之中，用音乐打动心灵的美，对幼儿产生潜移默化的影响，促进幼儿良好行为习惯的养成。此时的音乐不仅要舒缓、优美、欢快、活泼，而且还要是幼儿熟悉、易于参与和表现的。例如，在小班区域活动结束时，先播放的音乐是《小玩具要回家》（自编）；之后是一些舒缓、优美的音乐，如《潜水姑娘》《雪绒花》《小白船》等，在音乐的提醒下，幼儿主动地完成收放玩具、洗手、小便、喝水等一些生活中的事情；之后再播放一些幼儿熟悉、喜欢、欢快的歌曲，如《白胖鸭》《我爱我的小动物》《走路》《蚂蚁搬豆》《玩具兵进行曲》等，在欢快的歌曲中，通过演唱、模仿、表现，让幼儿的情绪情感再次达到高潮，体会到音乐带给他们的快乐。同时，通过对歌曲中的高低、强弱、快慢、音色的辨别，引导幼儿感受音乐所表达的情感，使幼儿兴奋的情绪趋于稳定，达到环节过渡的效果。

（2）巧用艺术欣赏，积累艺术经验。为了落实艺术教育渗透到幼儿的一日生活中的理念，一幼在进行综合艺术教育活动的同时，抓住每天十分钟的时间为幼儿开展艺术欣赏活动。在选择内容上遵循幼儿可接受性原则和丰富多样性原则。可接受性是指欣赏内容的选择要符合幼儿的年龄特点，使幼儿能够理解，有一定生活经验的。丰富多样性是指欣赏内容的多元性与多样性，避免内容的单一。在具体选择中，可选择同一艺术门类中的不同艺术作品，如国画、油画、水墨画、素描、雕塑与建筑等都属于视觉艺术，但却各有千秋。而不同的艺术作品，如听觉艺术、视觉艺术、表演艺术等艺术作品，虽然属于不同门类，但它们之间的艺术之美却是相通的。再有就是不同来源的艺术作品，艺术作品的来源可以是多渠道的，不仅采用教师选择的，幼儿喜欢的、感兴趣的或家长提供的，甚至是幼儿和家长共同制作的作品等都可以成为欣赏的内容。

艺术能力的形成不是一朝一夕就可以完成的，而是一个漫长的过程。在一幼进行艺术欣赏十分钟环节时，教师们的总结很好地说明了在一日生活中随机的艺术渗透作用："艺术欣赏十分钟，艺术教育日常功。持之以恒终不懈，日积月累事竟成。"

4. 让环境创设成为促进幼儿发展的催化剂

有人说，环境是幼儿发展的潜在课程，她凝结了教师的丰富爱心和聪明才智，就像一位多才多艺的教师一样启迪幼儿的心灵，默默地促进幼儿的成长。环境对幼儿的身心发展有着重要影响，人若被动地接受环境影响，环境就对人表现出较强的客观影响作用；人若主动地利用与优化环境,就能驾驭环境,让环境来服务人,此时的环境就起到了育人的功效。

《纲要》中也明确指出,"幼儿艺术学习需要环境熏陶""幼儿园的园室环境应服务于幼儿的审美和创作的需要",等等。因此,我们在实践中先后提出了以下操作层面的策略。

(1)注重将艺术教育目标物化到环境创设之中。

(2)将艺术要素融入一日生活各环节之中。

(3)强调环境创设的教育性、互动性、引导性和艺术性。

(4)为幼儿搭建欣赏美、感受美、表现美和创造美的发展平台。

在艺术环境创设中我们非常重视幼儿的参与性,为幼儿提供感受美和体验美的支持性环境,为其提供丰富多彩的能满足创造美、表现美所需要的艺术材料。例如,全园每班每天定时的艺术欣赏、才艺展示;班内的生活环节播放背景音乐;园内定期组织的电影、歌舞、动画片、木偶剧欣赏等;年级定期开展的歌舞、诗歌、故事等表演;班内定期组织综合艺术教育的亲子活动等。多样化的环境与活动的充分利用,支持、引导着孩子们在艺术活动的实践中富有个性的成长。

在艺术环境创设的同时,我们还注重人文大环境的创设,整合、利用与幼儿生活有密切联系的教育资源,形成合力,共同促进幼儿艺术能力和人文素养的综合发展。如为了让幼儿继承中华民族的传统美德,我们在游廊的上面绘制了"岳母刺字""武松打虎""曹冲称象""司马光砸缸"等多幅连环画。经过耳濡目染、潜移默化,这些优秀的传统故事所蕴含的优良品质被幼儿牢牢地记在了心里。同时,班级环境里提示幼儿遵守行为规范的小标志、步骤图也比比皆是:地上贴的一串小水杯提示幼儿要排队接水;阅读区里"并肩阅读的小熊"提示幼儿要分享玩具;"娃娃家"前贴在地上的小脚印提示幼儿参加活动的人数……显然,当幼儿主动参与到环境创设的过程中时,他们就能体会到一种自主、自信的小主人翁意识。

一幼环境优美,这是尽人皆知的。垂花大门,琉璃影壁;带有苏式彩绘的小花园;四梁八柱的朱漆殿堂;教学楼内,孩子们衣柜干净、整洁排列两旁;各种的民族工艺品展示在楼梯两侧……真可谓一步一景,交相掩映,美不胜收。在环境创设的过程中,我们注意体现综合艺术的理念,具体表现为"三多":一是工艺门类多。有刺绣、木刻、剪纸、摄影、服饰、蜡染、泥塑、青铜器装饰挂件等，其中绘画又分为国画、油画、年画、刮蜡画、儿童画等。二是表现题材多。我们所展示的艺术作品中既有表现人物、动物的，还有表现风景、民俗、故事、抽象等题材的。三是作品层次多。在我们的艺术展览品中既有名家名作，也有教师作品、家长作品及幼儿作品。

环境是外在的，而氛围则是潜在的。我们用心去营造一种充满真情与关爱的人文教育氛围，使良好的教育得到最切实的保障。建立和谐的师幼关系，家园互动关系，增强师生之间、亲子之间、家长和教师之间的理解与关爱。

5. 家园共育形成艺术教育的合力

我们本着尊重、合作、平等的原则，使家长主动参与幼儿园的教育工作，与家长在互动延伸中建立起科学育儿的共同体。

（1）活动有的放矢，争取家长主动配合。家长和幼儿园有一个共同的纽带——孩子，家长们望子成龙，幼儿园希望孩子更好地成长，有了这个共同的目标，家园共育的合作应该是一件非常愉快的事情。特别是在园本教学活动中，园所更应该有的放矢地把活动目的明确讲出来，最大可能性地让家长积极配合。一幼新生入园的第一次家长会，园长就会向家长介绍一幼是以艺术教育为特色的幼儿园，让家长了解一幼综合艺术教育目的、意义等总体内容，利用网络资源，让家园零距离接触，开展了"园所风采""欢乐学园""宝宝风采""家园互动""班级论坛"等栏目，宣传艺术教育理念，展示艺术教育成果。实践中针对有些家长不重视对幼儿进行艺术教育，另一些家长又偏重艺术知识、技能技巧的培养，却忽视幼儿个性兴趣、人文亲情等具体问题，我们开展了全园性的"六个一"活动，即家长与幼儿同看一部戏，同看一次美展，同听一场音乐会，同唱一首歌，同跳一个舞，同作一幅画。此项活动的开展充分挖掘了家庭的教育资源，发挥了教育的整体性作用。家长通过参与"六个一"的活动，转变了教育观念，了解和关注到幼儿对艺术的兴趣、态度、爱好、需要，使自己走进孩子的内心世界；教师也获得了更加丰富的教育资源和有力的教育支持，在与家长的共育沟通中更加默契、和谐，艺术教育效果也更加突出。

一幼进行的人文主题统领下的单元综合艺术活动分小、中、大三个年龄班，共40多个主题。根据各年龄班的具体的主题活动，教师们采取了"三介绍"方式与家长进一步沟通，即开学初在家长会上介绍本学期幼儿将进行的主题名称、选择原因及艺术教育价值；每月在家长园地介绍当月的单元内容和艺术教育目标，每周向家长介绍活动形式及进行情况，展示幼儿作品、汇报幼儿表现，让家长及时了解到艺术教育成果。在周重点中创设"欢迎您来参与"一栏，请家长协助收集单元相关资料，配合活动进行，共同完成艺术教育目标。在"家长沙龙"聚会上积极宣传综合艺术教育中家园共育的重要性，使家长明白父母的业余爱好是最能诱发孩子良好兴趣的感染物，不论是摄影、绘画、剪纸、种花、舞蹈、音乐、泥塑、饲养等，都能帮助幼儿热爱生活、勤于思考、拓宽知识、养成良好心理品德和文化修养。

（2）发挥家长资源，形成艺术教育合力。我们幼儿园的家长中不乏一些画家、音乐家、演员和舞蹈家等各行各业的有识之士，还有一些艺术爱好者，这些都是我们宝贵的教育资源。我们遵循人尽其才、物尽其用的原则，充分挖掘家长的职业优势和个性魅力，利用幼儿家长的不同经历、不同职业、不同特长，邀请家长参与到我们的艺术活动中。一方面给教师以启发、灵感；另一方面可以运用各自的专业知识和技能拓宽孩子的视野，丰富幼儿的经验。为此，各班教师针对本班家长的工作、兴趣、特长、爱好等进行了解，利用家委会来调动家长为班级服务的热情，通过个别约谈、家访、家长沙龙等形式，使家长了解到我们艺术课题的重要性，争取使每位家长都能最大限度地发挥其作用，开展对幼儿进行综合艺术教育的共育联盟。

例如，大二班在《小戏迷》单元活动中，教师虚心向做京剧演员的天天小朋友的妈妈请教，了解京剧知识，熟悉京剧剧目，学习化装技法，自制服饰道具，参观剧院后台，以"走出去，请进来"的形式与家长共同备课，挖掘适宜幼儿学习的京剧内容，邀请天天妈妈的同事来到班上，进行了别开生面的教育活动《花花绿绿看脸谱》。

又如，在开展的《跳舞的秋叶》单元主题活动中，班上需要布置以秋天为背景的主题墙，苗苗小朋友的爸爸是一位摄影师，得知此情况后主动承担了此项工作,他帮助班里拍摄了大量的秋叶照片——红枫叶、黄银杏叶、绿杨树叶等,还提供了许多世界各地不同种类的秋叶照片。通过这些照片不仅让幼儿认识了不同区域树叶的不同特点,还从形和色两方面加强了幼儿对秋叶艺术特点的了解。

一幼的艺术教育活动不仅局限于教学活动,还有环境创设、艺术档案夹、欣赏十分钟、大手拉小手等,每一个活动都能看到家长积极参与的身影。由此可见充分发挥家长的教育资源,能够使我们的艺术教育活动锦上添花,事半功倍。

(3) 亲子艺术活动,沟通家园、家庭间的情感。目前,年轻父母大多是上班族,工作、学习、家务、社会活动都需要投入大量的时间和精力,家里家外两头奔波,根本没有时间和孩子玩耍,家长与孩子沟通很少,造成亲子关系不协调。我们的艺术活动目标之一就是要注重发展幼儿的人文性,丰富他们的情感体验,加强亲情教育。亲子活动有益于家长与孩子之间、家长与教师之间、家长与家长之间、孩子与孩子之间的情感交流与自然沟通。利用班级亲子活动让家长与孩子在一起玩耍,使孩子在轻松愉快、无拘无束的氛围中接受艺术教育,可以增强亲子间的亲近感和亲密性,自然而然流露出的骨肉亲情,更有助于有效地完成教育目标。

一幼的亲子艺术活动形式多种多样。每学期组织大型的全园亲子活动2~3次,包括亲子游园活动、自助餐活动、手工制作活动、家长幼儿同乐会活动等;每个年级会组织亲子春(秋)游、看儿童剧;每班会根据班级实际情况有计划地采取"请进来""走出去""家长论坛""您来主持"等形式根据艺术教育内容开展相关的亲子活动,为家长提供充分参与活动的机会。有根据《快乐小剧场》单元组织的同看一场儿童剧活动;有根据《快乐我知道》单元组织的亲情双簧表演;有根据《中华民族艺术园》单元组织的参观民族园、共度泼水节活动;有根据《我们的动物朋友》单元组织的动物写生活动……每一次亲子活动教师们都是精心设计,积极和家长沟通、配合,策划具体内容,实施活动,及时整理记录,总结活动成果等。多种多样的亲子艺术活动使家长体验、回味了童年的生活,让幼儿感受到了与家长共同游戏的快乐,不仅增进了家园间的联系,增强了亲子间的情感,也提升了综合艺术教育的价值。

二、"汉英整合"双语课程：让孩子感知多元文化

（一）与时俱进的"双语套餐"

一幼实验园的"双语整合"教育环境模式包括："汉英整合"的课程模式和一日生活中"处处有双语"的语言环境模式。在这一模式里，"十五"期间我们较深入地研究了如何将双语教育整合到幼儿园的五大领域课程中，但在将双语适宜地应用到幼儿园的一日生活之中，促进幼儿语言能力的提高方面，还需进一步研究。因此，"十一五"期间我们又开展了"双语在幼儿园一日生活中应用的适宜策略的研究"的课题研究，研究如何将双语合理地分配到幼儿园一日生活的各项活动之中，探索运用双语组织幼儿一日生活的适宜策略，实现双语课程的一日生活化。"双语整合"教育环境模式的研究成果，构建了园本课程，丰满了办园特色，为幼儿的发展、一幼实验园的发展奠定了坚实的基础。

那么究竟什么才是幼儿园双语教育呢？双语教育，指的是以两种语言作为教学媒介的教育系统，其中一种语言常常是但并不一定总是学生的第一语言①，其实质在于用教学语言来促进语言能力的发展。而在幼儿园阶段，双语教育指的是用两种语言（在本书中指的是汉语和英语）来组织幼儿一日生活各项活动的教育系统，第二语言既作为幼儿的学习目标也是幼儿交流、学习的工具。在幼儿园双语教育的课程中，使外语组织的活动与用母语组织的活动相互关联，在共同促进幼儿的全面发展的同时帮助幼儿获得与他们心理发展水平相适宜的外语能力。这一理解与目前我们在幼儿园经常见到的"外语教育"（包括"外语兴趣班"等）有着本质的区别。

因此，我们尝试将英语教育与五大领域教育整合在一起，以主题活动为载体，用汉、英两种语言促进幼儿在各领域的发展整合，在这里既符合现代幼儿语言教育的时代性，又符合双语教育的目标和手段。这种整合的做法是：将各领域的教育目标相互融合，教育内容相互渗透，双语既是教育的目标，又是教育的手段，我们把它称为"汉英整合"双语教育模式。以幼儿发展为本，为其提供多角度、多方面、多渠道的双语体验，为幼儿创设自由、自主、丰富、完

---

① M. F. 麦凯、M. 西格恩：《双语教育概论》，光明日报出版社1989年版，第95页。

整的双语人文环境，培养幼儿想说、敢说、会说，能够大胆、主动地使用语言，"双语活动游戏化，游戏活动交际化"，已成为双语教育活动的定式。所谓"汉英整合"双语模式，其"整合"主要体现在以下三个方面。

一是教育目标的整合。在目标选择上，课程从幼儿的全面发展出发，把《纲要》各领域的目标分解到大、中、小班30多个主题活动之中，每个主题下，由汉、英活动来共同完成这些领域的目标。用英语组织的活动，既具有英语学习上的目标，又具有本领域要求的目标。在英语活动中达不到的领域目标，则由汉语来完成，从而保证幼儿获得完整、全面的发展。

二是教育内容的整合。将英语教育活动内容与五大领域活动内容整合时，一方面，我们充分考虑不同领域的学科特点和学习方式，不同领域采用不同的整合方式，如科学领域，我们会将一些概念性较强的内容用汉语来完成，而一些扩展知识经验的内容用英语完成，实现教育内容的互补；另一方面，我们会充分发挥主题教育的优势，帮助幼儿把同一主题下，英语活动和汉语活动中获得的经验联系起来，从而加强幼儿对各领域学习内容的理解和运用，更好地达到主题目标。以中班主题"会变的心情"为例，幼儿在母语美术活动中进行了《画心情》的活动后，再接触英语美术制作活动 *Funny Face*（有趣的脸）时，就能迁移相关的艺术经验，进行更大胆的个性化创作。

三是教育活动方式的整合。通过研究，我们感到，无论是母语的活动还是英语的活动，在教育活动方式上都应该遵循不同领域的学科特点和学习方式，充分体现领域特点。如在研究美术领域的双语教学时，我们对英语美术活动的定位，首先应是一节具备艺术领域特点、能实现一定美术目标、与幼儿认知水平相符合的"真实"的教育活动，然后才是一节具备第二语言教学特殊性的活动。当然，由于语言上的难度，用英语组织的活动需要采用更灵活、更直观的方式方法，在教材的选择上要充分考虑幼儿已有语言经验和兴趣爱好。另外，由于两种语言的活动是统一在一个主题之下的，因此保证了幼儿获得的英汉经验相互整合，共同促进幼儿的发展。

无论是从开始双语教育的尝试，到双语教材的重组，到双语教学的改革，还是双语教学的整合，每一次修正和实施，无不是根据当下客观条件和幼儿的实际情况来进行和整合。英汉整合的实施一定做到主客观兼顾。

双语整合课程在实践中的模式是以主题活动网络图（见图3-2）为基

本框架,融双语领域活动、双语语言活动、双语游戏活动、双语生活活动和双语环境为一体,全方位、多途径地作用于幼儿的一日生活之中。

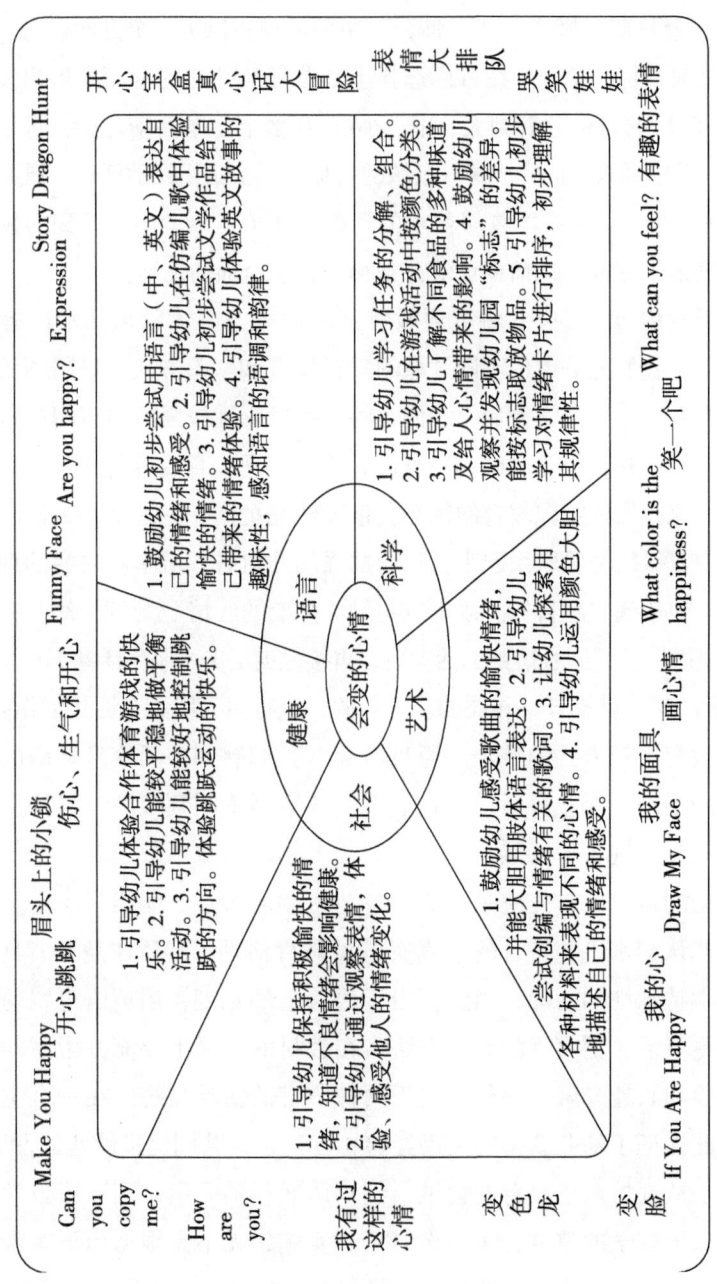

图 3-2 主题活动网络图

这一模式的具体实施背景是：全园配有外教，负责教授各班每个主题活动之下的基础语言点；每班配有一名中方英语教师、一名母语教师和一名具备教育能力的助理教师。英语教师和母语教师各带半天班，英语教师需要用英语组织幼儿的半日生活，包括生活活动、游戏活动、户外活动和英语语言活动（主要是复习外教所教内容），并用英语承担部分易于操作的五大领域活动；而母语教师则用汉语带班，在半天里完成主题其他的教学内容，促进幼儿的全面发展。助理教师在课程上起到了母语教学和英语教学的沟通作用，并根据需要承担部分课程的内容（如音乐、健康），三类教师协同合作，共同完成每个主题活动下的所有目标。

实验园的双语学习体系完整地包括多元化的双语教育活动、交际化的双语游戏活动、目标化的双语环境和蕴含丰富教育价值的生活环节活动。为了适应不断变化发展的社会与教学形势的新需要，认真贯彻《纲要》的精神与理念要求，一幼在构建双语学习体系时，充分考虑了一个主题下各类活动在不同维度中的整合，因此双语教育活动的开展也呈现了一个多样化的情况，包括以下几类。

一是外教给予"主食"。外教在分组的活动中，以游戏化的形式为幼儿输入主题中核心的语言信息，包括基础的单词和句型，保证了幼儿在每个主题开始时，就获得最完整和正确的语言经验。

二是中方英语教师给予"辅食"。中方英语教师上的语言活动包括两类，一类是围绕主题语言点开展的复习活动，通过大量的情境游戏和交流活动帮助幼儿灵活地运用学到的语言点。以谈话活动"My Favorite Person"为例，教师引导幼儿调动以往语言经验以猜谜语的形式描述不同伙伴的外貌特征，并采用"采访我最喜欢的人"的游戏形式鼓励幼儿互相问答，记录下自己好朋友的爱好。在这一过程中，幼儿获得的不仅是英语的知识点，更多的是一种交流技巧。另一类是基于大量游戏英语教育素材（如儿歌、歌曲、故事、戏剧等）的活动，教师采用多感官体验的方式帮助幼儿从这些材料中汲取原汁原味的养料，发展起倾听、表达、描述、叙述等基础语言能力。几年来，一幼自编自演的英语故事小品 *Billy Rabbit*（《小兔比利》）、*The Wide-Mouth Frog*（《大嘴蛙》）等，在各项英语展示活动中受到了极大好评，也反映了双语教学带来的成绩。

主题下五大领域的教育活动。如前所述，这些活动由母语教师、英语教师和助理教师共同完成，其中英语领域活动开展的普遍规律如下。

（1）那些不需太多语言解释，以"做"（艺术、体育）为主的领域和承载着第二语言文化（万圣节的游戏）的内容更适合用第二语言来组织。

（2）双语领域活动适合在主题背景下与相关母语课程和英语语言学习整合起来开展，能降低幼儿在此类活动中的语言障碍。同时，教师要善于总结每个领域的一些常见活动用语（如美术活动中各种线条的名称，音乐活动中的快慢、高低等），帮助孩子建立对这些语言的敏感性，从而提高双语领域教学的有效性。

（3）实施领域课程的双语教师要深刻理解各个领域的基本教学方法和特点，并加以灵活利用。在实施双语教学的过程中，我们深感一名好的双语教师首先应是一名专业化程度较高的幼儿教师。因此，六年来，我们通过中英文整合的课题研究、业务考核、外教培训、师徒结对、业务练兵等途径不断帮助双语教师幼教化，并培养了近10位这样的教师，这是一幼双语整合课程实施的最重要的条件保障。

上述多元化的双语教育活动虽然在活动目标上各有侧重，但都对幼儿的整体发展起着不可替代的作用。在活动内容上统一整合于每一个主题之下，促进孩子语言能力螺旋式上升，实现了双语教学中习得和学得相结合、英语经验和汉语经验相结合、语言学习和幼儿园全面课程的有机结合，是幼儿园双语整合课程实施的重要途径，也是幼儿园双语教育与时俱进的最好表现。

（二）自信自主的语言空间

从心理学的角度讲，一个人对空间需求的欲望是有限的。当一个人的个人空间大于他所需要的空间时，他就会感到孤独和寂寞；当一个人的空间小于他所需要的空间时，或当他的空间范围受到侵犯时，他就会感到烦躁不安。同样，这种需求的空间也可延伸到幼儿语言发展空间的需求。如果一位教师对三个学生的态度不同，其距离也就不同：对受表扬的学生距离最近，对表现一般的学生距离中等，对受批评的学生离得较远。对双语教学中的教师而言，为幼儿创设一个自由、自主、丰富、完整的双语人文环境，尤为重要和可贵。所谓"双语人文环境"指的是以幼儿发展为本，为其提供多角度、多方面、多渠道的双语体验，促进幼儿双语语言能力的完善与发展。

不论是母语还是第二语言都属于语言范畴。幼儿语言学习的重要目标是培养幼儿想说、敢说、会说，能够大胆、主动地使用语言。而相对于幼儿园的孩子来说，"玩"大过于"学"，因此寓教于乐的方式就是最直接、最轻松，也是最有效的接触语言（母语、英语）的最好途径。

（1）情景教学Cosplay，引导幼儿喜欢说。幼儿参与活动的积极无意性往往占据了很大的优势，他们对新鲜的、漂亮的、活动的、多变的、具体的东西充满了兴趣和好奇。一幼教师们为了帮助幼儿培养说的兴趣，产生想说的欲望，在一日生活中通过组织形式多样的游戏活动，创设有话可说的情境，激发幼儿参与语言活动的兴趣和积极性，并能主动地用双语表达自己的情感、想法。例如，小班教师会在每日吃午餐时，开展"小小水果店"游戏，请幼儿来"买"水果，此时幼儿就会饶有兴趣地用英语表达，在自然而然的情境下获得水果名称等语言经验。大班教师会在"社区（Our neighborhood）"的主题活动里，设计"I'm a little postman（我是小小邮递员）"的情境游戏，扮演小邮递员角色的孩子一边挨家挨户把信送到客人手里，一边热情地说："Here is your letter."孩子们玩得可高兴了，都争先恐后地想当上邮递员，挎上邮包去送信，用英语与小朋友对话。在这样的游戏情境和角色扮演中，顺应孩子们好奇、爱玩的天性，使他们在教学活动中的"要我说"转变为"我要说"，促使他们主动去说，喜欢去说，发挥了幼儿学习的主体性。

（2）打造宽松氛围，引导幼儿勇敢说。在幼儿园的语言教学活动中要幼儿敢说，首先要为其创设一个宽松的语言氛围与支持的心理环境，孩子在任何情况下产生想说的愿望时，教师都能积极鼓励和支持；即使他们说错了，教师也不会否定或急于纠错，而是首先肯定他们的态度，然后引导他们说出正确的句式。宽松的概念应是更广泛，不但是外在的表现，更多的是心理上的尊重与平等。我认为宽松的氛围是应该让孩子感到"没有压力，没有恐惧，不强调对错与好坏"，宽松环境下的师生关系应是"平等与和谐、理解与接纳、支持与鼓励的"。因为我们相信：幼儿在一个正确的语言环境下,会逐渐发展自己的语言能力,也能够慢慢在实践中纠正自己的错误。例如,教师常对幼儿说:"Can I play with you?"刚开始,幼儿能根据教师的表情和肢体语言理解,并高兴地回答:"Ok."此时,他们只能用一个词"Ok"来表达他们的意愿。当教师说"Let's play together"后,就有一些幼儿能随教师说出"Let's play together"。逐渐地,幼儿每天在同样的场景中听到这句英语,终于等教师说完:"Can I play with you?"后,孩子们便能直接爽朗地回答:"Ok,Let's play together."

这种宽松、平等交谈的方式,是使孩子敢说的先决因素。幼儿受生活经验、词汇量和思维特点的限制,以成人的标准来说,他们表达的意思不一定是恰当或准确的,当教师抛出了问题,就要有耐心去引导和等待,满足了他们表达的需要,再对其引导,幼儿需要的是"支持"而不是"催促",需要"自我认识与了解"而不是"超赶别人"。巧妙地引导幼儿,创设平等宽松的氛围,才能让孩子愿说、敢说。

(三)让双语教育的环境更有特色

瑞士心理学家皮亚杰认为:"儿童是与环境相互作用发展起来的,环境是儿童发展最重要的因素之一。"《纲要》中也明确提出:"创设与教育相适应的良好环境,是为幼儿提供发展各种能力和实践的机会与条件。"由此可以看出,提供适宜的环境熏陶是促使幼儿语言交往整合发展的重要手段。这就要求幼儿园重视对幼儿英语学习环境的创设,积极开发和利用环境因素对幼儿英语能力的潜移默化的作用。孩子接触的环境相对来说比较简单,因此,幼儿园里的环境是最首要的影响因素。

良好的物质环境发挥着支持幼儿主动学习和发展语言能力的作用。为了给予孩子更多元、更丰富的双语体验环境,我们在创设双语环境时,牢牢把握环境"潜课程"的作用,让园所环境、主题活动环境和双语操作材料都成为实现双语教育目标的重要方式,具体操作方式包括以下几点。

(1)提供幼儿接触双语经验的良好场所。良好的环境发挥着支持幼儿主动学习和发展语言能力的作用。为了给予幼儿更多元、更丰富的双语经验,一幼先后开设了双语阅览室、双语小剧场、英语活动室等,使幼儿能够感受到学习双语的更多乐趣。

（2）创设会说话的双语环境。走进幼儿园，你会发现园所在为幼儿双语能力发展所做的独具匠心的设计。各层楼道里充满中国传统文化的艺术品、具有外国风情的小摆件等让幼儿在欣赏的同时感受中西方文化的不同特点；幼儿园大门口小朋友用英语向大家问早安的情境画，楼道里挂的英语大词卡（表情、形状、动物），在幼儿餐厅里的各种食物，楼梯的侧面的各种颜色、数字，楼梯拐角处注意安全的中、英文小标志，提醒幼儿有序上、下楼的小脚印等都是孩子在双语主题活动中能接触到的，他们可以随时随地运用这些词汇进行简单交流。这些"沉浸式"的环境都在无声地促进幼儿双语能力的提高。

（3）创设参与、互动、探究、适宜的双语活动环境。幼儿园的环境是属于孩子的，因此，教师们都是根据孩子的兴趣确定主题后，与幼儿一起商量，如何创设自己喜欢的、与主题相关的环境。例如，大二班现在开展的主题"我和动物朋友"，教师用废旧材料制作了一个卡通爱心的形象，里面的内容由幼儿自己设计、自己制作、自己用双语讲解，从动物的居住环境、饮食爱好、动物的习性特点等方面入手，开展探索、交流活动。活动室中出现了动物养殖区、英文动物棋、大量有关动物的双语图书。当幼儿穿梭于这些活动之中时，才真正感受到"与动物交朋友"带给人们的快乐。

幼儿的语言能力是伴随着活动发展起来的，能与幼儿的经验和思维发生互动的环境才更利于幼儿与其"交往"，发展语言。如大一班教师在语言角的墙面上设计了一面天气讲述墙，墙上每一个格都表示一周中的一天，幼儿每天都到这儿来操作材料，讨论星期、天气和相关的事物。另外，区角中的操作材料还要符合幼儿的年龄特点、发展水平和兴趣需要。例如，现在小一班的活动玩具"给娃娃穿衣服"，需要幼儿考虑男、女娃娃分别穿什么样的衣服；季节不同，选择什么材料的服装；颜色的搭配；上下的对应，小肌肉能力的锻炼；等等。同时，教师可以边操作边引导幼儿用双语讲述。

（4）欢度丰富多彩的中西方节日。语言学习离不开多元文化的渗透，在丰富多彩的中西方节日中渗透多元文化是一举多得的好形式。无论是中国传统节日（中秋、新年等），还是西方传统节日（万圣节、圣诞节等），孩子都能从全园上下的节日气氛中感受到多元文化的魅力。万圣节的大南瓜、鬼精灵,中秋节的月饼,嫦娥奔月的美丽画面,无不向幼儿传达着各种文化气息。在多元文化环境的感染下,幼儿学习双语、运用双语的兴趣被更好地激发了。

(四) 构建社会的语言交流环境

幼儿的语言学习、交流环境不是只有依靠园内环境的创设而孤立存在的,要和其他方面有机整合起来,才能促进幼儿更快地发展和提高。为此,我们在园外也为孩子们构建起说话的环境,使语言环境的浸润作用渗透到各领域。

1. *比幼儿园更为鲜明、丰富的资源——自然*

环境是个大课堂,是帮助幼儿获得丰富表象的重要途径,双语教育尤其如此。幼儿语言的学习与运用的环境有两类:一是他们生活在其中的自然环境,二是他们生活活动的教育环境。幼儿的语言学习是在与环境的交互作用中发展的,实践活动是这种交互作用的重要方式。因此,有效利用客观现实的大环境创设适当的语言环境,引导幼儿与其积极发生作用,更能激发幼儿学习双语的兴趣,从而发展幼儿的双语能力。

大自然是幼儿发展语言、促进思维的重要途径,是学习语言、丰富词汇的活教材,更是玩乐的好场所。我们正是利用这个宽松、愉快的大环境,经常带孩子走出去,观察大自然、了解大自然、话说大自然。在主动活动中,建构认知获得发展。

2. *比幼儿园更为广阔的资源——社区*

幼儿在走出幼儿园后,能在社区丰富的环境刺激下,获得更多的语言经验。教师经常带领幼儿在社区散步,花、草、树、木、房屋、学校等许多语言经验都是随机渗透的。另外,在与小区居民进行友好交谈时,幼儿都能大胆自豪地用双语进行问候,甚至用英语去水果摊上买水果,极大地鼓励了幼儿说好双语的自信心。

3. *比幼儿园更丰富、多层次的资源——家庭*

对幼儿而言,幼儿园和家庭是他们活动的两个中心,也是他们获得直接语言接触最密切的两个场所,为此,家园配合对幼儿学习双语起着至关重要的作用。家庭教育是多对一的语言环境，幼儿能从家长那里获得更加丰富、自然的语言经验，但关键是家长要有创造环境的意识和技巧。因此，我们在做家长工作时，根据家长不同的双语水平和不同的教育需求，开展了不同形式的家长工作。对父母具有较强双语能力的，我们鼓励他们在家中，由父母中的一方坚持使用英语与幼儿交谈，自然而然地渗透英语，培养幼儿的倾听能力和良好的语感；对父母有一定英语基础的，我们将教育活动内容交给家长，请家长在适当的时候给孩子展示所学语言的机会，并进行适宜的指导；而对父母没有英语基础的，则建议他们去购买一些适于幼儿接触的音像资料，并把幼儿园的活动内容录制成录像带，请家长在家中为幼儿播放。针对不同层次的家长，我们都极力把幼儿学习英语正确的观念（如兴趣为主、语感为先等）介绍给他们，帮助他们在家中为幼儿创设宽松、自如的双语环境。

成功的教育离不开家庭的配合，教师在尊重、平等、合作的基础上，让家长主动参与到幼儿的学习过程中来，为幼儿营造良好的成长环境。为了让孩子们更自信地发展，教师组织家长成立了爸爸妈妈双语剧团，并一起排练了双语剧《森林里的野餐》和 *Sky Is Falling Down*（《天塌了》）、*The Wide – Mouth Frog* 等。通过看爸爸妈妈精彩的演出，孩子们对双语表演产生了浓厚的兴趣，变得爱演、敢演，因此演得越来越好。

在多年的研究中，教师总结出了"走出去""请进来""在家里""家庭间"等多种家园活动形式。每学年每班组织各种亲子活动达到十次以上，受到家长的好评和孩子的喜爱。通过家庭、社区共同参与的教育教学活动，不仅提升幼儿各方面的认知水平和双语教育的学习环境，还有效促进了家园以及社区关系的改进，使家园、社区在相互协作、互动和共赢中，向着良好的方向发展。

（五）教师与幼儿同发展

1. 双语教育让幼儿的双语能力获得长足的发展

（1）学习兴趣提高。通过开展丰富多彩的双语活动，幼儿学习英语、使用英语的兴趣有明显提高。过去是教师要求幼儿才说，现在幼儿能够在活动时相互用英语提醒，在自由活动中情不自禁地重复学到的英文儿歌和歌曲，在见到客人时能用英语大声地向客人问好等。

（2）综合语言技能发展。通过开展双语活动，幼儿英语能力也获得了很大的进步。在听的方面，建立了良好的语感，面对中、外教师的全英语活动，幼儿完全能够听懂；在说的方面，交流能力和交流意识都有所增强，家长普遍反映幼儿比过去爱说，而且能自然而然地根据情境蹦出相关的句子和断句来。在外研社举办的全国"英语小童星"比赛活动中，全国30名幼儿获奖者中，一幼有8名幼儿获奖（其中1名获全国二等奖，7名获全国优秀奖），全部获得"双语小童星"称号；在外研社举办的全国外语教与学展示活动中，一幼推选的英语剧 *The Proud Rooster*、*Billy Rabbit*、*The Lazy Grasshopper* 多次获得戏剧组的一等奖，有数位教师被评为优秀辅导员。

2. 双语教育让教师的双语教育能力有所提高

（1）"双料教师"本土出炉。在实验园，"双料教师"指的是既具有良好的双语使用能力，又了解幼教的基本理念和教学方法的复合型教师，并具有以下能力：熟练运用英汉两种语言；了解幼儿的身心特点，能用两种语言较好地驾驭幼儿的一日生活（集体教育活动、户外活动、游戏活动、生活活动）；较好的教育能力和智慧；一定的研究和开发课程的能力。

实验园的双语教师大多为外聘教师，我们在建立教师专业发展星级制的工资考评体系和利用三维联动的教研组织方式方面，详细制定且规划了"汉语教师如何成长为'双料教师'""英语专业毕业的教师如何成长为'双料教师'""助理教师如何成长为'双料教师'"等几个教师成长目标，来促使北京不同的教师共同成长。专业的教育科研拉动了双语教师专业素质的发展，多角度的评价和交流平台解决了英语教师不能熟练驾驭区域活动的问题，业务练笔活动促进双语教师专业技能的提高，团队式的共同学习使双语教师在专业化成长的道路上更加熟悉幼儿各领域的教学规律……

在教育观念上，教师们对双语教育的认识普遍有所提高，对于"还给幼儿自由自主的双语空间""英语活动游戏化，游戏活动交际化""双语既是教育目标，又是教育手段"等双语教育的基本理念，有了深刻的了解和理解，并能转化为创设双语教育环境的行为。

在教育实践能力方面，教师们能够较灵活地将双语教育与五大领域教育相结合，注意双语教育方法的多样性和教育活动的系列性，在创设双语教育环境等方面获得了很大的进步。多次承担全国、市、区双语教育对外开放、交流、观摩任务，并多次参加全国双语教育交流、研讨会；历次的活动及交流的经验均获得有关专家、学者和幼教同行们的一致好评。在课题研究中，教师们撰写了相关论文上百篇，均在东城区、北京市乃至全国的论文评比中获奖，园所也被外研社评为"北京市双语教育示范园"。

（2）外籍教师同样"发光发热"。一幼具有聘任外教资格已经有十多年的时间了，在这十多年中我们始终坚决贯彻、执行国家有关的外事工作政策：从关爱入手，切实帮助与解决了外教在京的生活问题；从交流入手，使外教真正感受到了"家"的温暖。

我们在生活中关爱他们，在周末和节假日为了使他们不感到陌生和孤单，实验园的英语教师牺牲自己的休息时间，轮流陪外教在北京游玩、购物，让他们在感受中国经典文化的同时，更感受到来自一幼这个大家庭的关怀。为了使外教尽可能安心、舒适地工作，使他们能在双语园中发挥自己的最大价值。一幼的外教实行每周五个工作日、每天八小时工作制，每天轮流为幼儿园各个教学班上分组英语主题活动，外教在分组的活动中，以游戏化的形式为幼儿输入主题中核心的语言信息，包括基础的单词和句型，保证了幼儿在每个主题开始时，就获得最完整和正确的语言经验。他们在双语主题教学中，起到了第二语言的启蒙、示范作用。除了每天正常的教育活动外，外教还到各班参加教学活动，为中方的英语教师做培训，和园内的英语教师一起进行教研活动。外教们为一幼带来了纯正的语言，也带来了丰富的多元文化，在双语教育的各个主题教育中渗透不同国家的风土人情，让师生们乐在其中，也使他们自己感受到被需要的价值。

（六）双语教育需坚持的几点原则

1. 真实交流原则

在日常活动中使用的教育策略应该符合各环节的特点（体现教育活动的参与性、游戏活动的主动性和生活活动的轻松性），促进幼儿和幼儿、幼儿和教师之间的真实交流，帮助幼儿主动获得与游戏情境、生活情境紧密相关的语言经验。

2. 正确输入原则

在日常活动中，教师输入的语言应体现丰富且适宜的要求：包括语音正确、适合交流、体现交际文化特点（礼貌、亲切）；表达多元（有利于发展幼儿的听力）；难度适宜（与幼儿的已有语言经验相关，渗透一些新的表达方式）。

3. 接纳错误原则

教师在日常活动中应为幼儿创设宽松的语言氛围，接纳幼儿在表达中的语言错误，肯定他的态度，然后说出正确的句式。同时，允许幼儿在表达中出现语码对调的现象，即允许幼儿用汉英两种语言与教师交流。

4. 促进习得原则

英语教师在带班的半日里应尽量使用英语组织幼儿活动，把握幼儿在环节活动中"以听为主"的原则，利用语言习得的公式（听到的语言＞听懂的语言＞掌握的语言＞会说的语言）循序渐进地丰富幼儿的语言。

5. 思维参与原则

语言是思维和交流的工具，教师在日常活动中使用的语言策略应当以不影响和打断幼儿的思维为前提，教师设计的各类游戏活动应该与幼儿的思维发展水平相符，以促进幼儿各方面的和谐发展。

经过多年的实践与探索、积累与验证，一幼实验园编写的园本教材《幼儿园双语整合活动》已由首都师范大学出版社出版，包括大、中、小班教师用书5册（40个主题的800余个活动），配套儿童用书19册，双语活动及环境光盘20张；6个英语剧先后参与五届北京市英语教与学比赛均获得一等奖；在幼儿园双语教学方面进行了前沿的探索。

三、"小丫走世界"系列主题活动：融合多元文化，孕育精彩明天

随着世界全球化进程，文化的全球化趋势日益增强，多元文化教育成为世界多元一体发展趋势的产物。一幼海晟分园紧跟时代要求，迎合世界多元化发展需求，顺应学前教育发展趋势，在双语整合课程基础上，坚持

"源于母体,别于母体,优于母体"的发展思路,从幼儿兴趣需要出发,立足幼儿生活感知经验,着眼幼儿未来发展,以多元文化教育为契机,在提供优质学前教育服务的同时进行多元文化启蒙教育,使幼儿在认识自我、了解他人的基础上,初步具备国际化的视野和思维方式,从而学会欣赏、包容、接纳、尊重不同文化背景、不同地区和国家的人们,并乐意与他们共处。在《指南》和《纲要》的精神指导下,我们通过为幼儿提供有计划的启蒙教育活动落实多元文化教育目标:帮助幼儿理解并遵守基本社会行为规范,促进他们自我意识的形成,建立自我认同和自信心;认识人与人之间的差异性,发展尊重这种差异性的能力;发展与他人交往、合作、商量、分享的能力与品质;渗透具有文化性质的人文、历史、地理等概念,增加对社会和世界的初步理解,为幼儿适应未来社会多元化发展奠基。

在幼儿园进行多元文化启蒙教育对培养"全面发展"的儿童赋予了更新、更多的含义,即强调儿童情感、态度、能力、知识、技能发展的同时,注重世界公民素养的培养,使幼儿成长为具备"自主、健康、创新、博爱、文明"特质的世界小公民,以更好地适应未来社会。

随着社会的发展进步,人民生活水平的提高及消费观念的转变,幼儿已经成为节假日旅行队伍中的重要成员。孩子们在旅游过程中欣赏、感受、体验不同地区、国家的文化特征,积累了丰富的感知经验。因此,在实施幼儿园多元文化启蒙教育过程中,我们抓住贴近幼儿生活的旅行经验出发,以"小丫走世界"系列主题活动方式进行教育探索。"小丫走世界"系列主题活动是以"小丫"这样一个抽象的亲切形象旅游足迹为线索,"小丫"既代表小朋友,又可以寓意为小朋友亲自参与旅行时行走的小脚丫,从"小丫"旅游过程中的见闻入手生成符合幼儿年龄特点、教育规律、认知水平的,以幼儿初步感知与体验为基础的主题活动。

依照这样的思路,我们围绕"小丫"走世界旅行过程中的多感官体验感受和兴趣爱好,初步形成六大系列主题活动:以服饰为话题的主题、以饮食为话题的主题、以建筑为话题的主题、以礼仪为话题的主题、以动物为话题的主题、以节日为话题的主题。通过六大系列主题活动的开展,为幼儿搭建感知文化多样性与差异性的机会,引导幼儿感知体验、了解并理解其中的文化，获得有益的社会适应经验，为他们成为未来世界公民积累基本素养，实现幼儿园多元文化启蒙教育目标（见图3-3）。

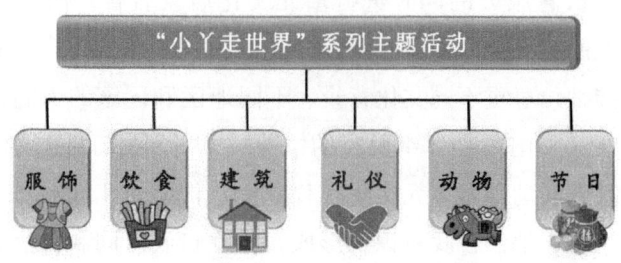

图3-3 "小丫走世界"系列主题

（一）主题确立：源于幼儿，体现文化

"小丫走世界"主题的选择与确立，首先考虑幼儿实际旅行过程中必然会接触到的事物，以此为选择范围，确立了服饰、饮食、建筑、礼仪、动物、节日六大主题。这些主题本身既是物质文明的产物又是精神文明的结晶，蕴含着多元文化的教育价值。我们充分考虑这些主题贴近孩子们的生活，源于孩子们的话题与经验。

如"服饰主题"，幼儿每天都要穿衣，接触服装服饰，服饰多变的款式、丰富的色彩、多种多样的装饰纹样以及其演变过程让幼儿产生好奇；同时棉、麻、丝绸、毛织品等不同材质的服装也带给幼儿奇妙的触觉感受。服饰是人类特有的劳动成果，它既是物质文明的结晶，又具有精神文明的含义。从服饰起源，人们就将生活习俗、审美情趣、色彩爱好等种种文化心态、宗教观念都积淀于服饰之中，构建起了服饰文化。服饰体现着不同国家的文化背景、民族的风俗习惯和时代的变迁。幼儿在了解服饰的种类、质地以及用途，发现服饰与人类之间关系的过程中，学会发现美、欣赏美，能够感受美、体验美，愿意用自己的方式表现美、创造美。从服饰文化出发，对幼儿艺术情操的陶冶、对生活中美好事物的感受及对世界文化的了解、尊重，具有重要意义。在"服饰"主题下，我们把握幼儿艺术领域的发展特点，从幼儿审美需要出发，生成源于幼儿生活经验的、丰富的多元化活动，使幼儿在欣赏、创作的过程中，拥有发现美、欣赏美的态度，获得表现美、创造美的能力，同时发展审美、探索、创作等多方面能力,这是培养世界小公民所应具备的素养的活动途径之一。

再如"饮食主题",在日益全球化的今天,幼儿生活在一个多种饮食及其文化汇集的多彩时代,传统饮食与异国饮食正通过幼儿的日常生活体验、电视节目、网络资讯、动漫产品等形式交汇融合进入幼儿的生命之中。多元饮食文化间的交流与碰撞极大地丰富了幼儿的感知和认知体验,也为他们提供了更多的文化选择机会,开阔他们眼中的世界。处于幼儿期的孩子们受家庭环境等条件制约,在饮食过程中会出现各种各样的问题,如偏食、挑食、暴饮暴食、狼吞虎咽等。《纲要》指出,幼儿园健康教育是要根据幼儿身心发展的特点,通过适宜有效的多种活动,提高幼儿的健康认识水平,改善幼儿的健康态度,培养幼儿的健康行为,最终使幼儿养成健康的生活方式。因此,我们将"饮食"作为"小丫走世界多元文化启蒙教育特色主题活动",引导幼儿了解正确合理饮食的方法;认识接纳中外特色饮食的种类;尊重各国饮食相关习俗;养成国际化的文明进餐行为与习惯,为幼儿积极适应多种环境,成为世界小公民做准备。在"饮食"主题中,我们把握幼儿健康发展特点,从幼儿身边的饮食种类出发,为幼儿创造丰富的来源于幼儿生活经验的多元化活动,使他们在充分的互动过程中树立健康的饮食态度,养成健康的饮食习惯,获得健康的生活方式。多元、丰富的饮食丰富着孩子们的感知,碰撞着孩子们的经验,孩子们之间总有许多的为什么,围绕食物种类、食物外形、进餐礼仪、餐桌文化等展开。孩子们对饮食文化的好奇与兴趣为生成有价值的活动创造了许多契机。综合主题本身因素和幼儿因素选择的系列主题容易与孩子产生互动与共鸣,易于生成有意义、有价值的活动。

(二)主题的设计与实施:融合多元,提升素养

"小丫走世界"每个主题都由小班、中班、大班单元组成,每个年龄班结合教育目标及幼儿需要设计单元活动,通过集体教育活动、区域游戏活动、环节过渡活动、户外游戏活动、家园亲子活动进行多元文化启蒙教育,实现既定目标(见图3-4)。

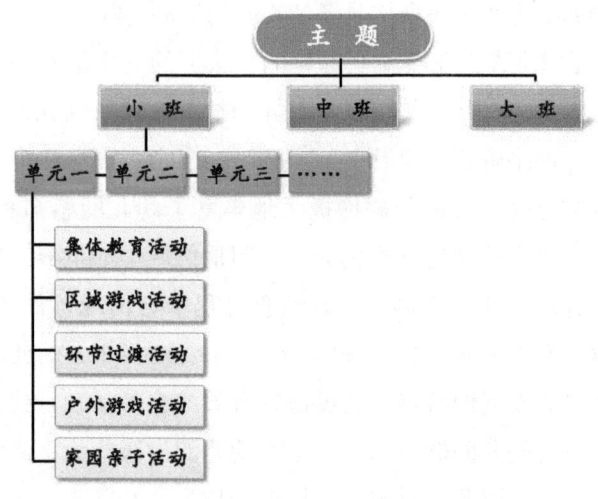

图3-4 "小丫走世界"不同单元

1. 目标制定体现文化性、发展性，强调生活化与行为化

目标制定的文化性。教师必须运用多元文化教育思想武装自己，深刻理解多元文化教育的内涵与意义，深入挖掘主题本身所蕴含的多元文化教育价值，在分析幼儿发展需要的基础上定位教育契机，注重幼儿多元文化素养的提升。如在礼仪主题下，我们抓住幼儿拥有强烈交往愿望这一契机，从礼貌、礼节、礼仪等方面帮助幼儿获得自我认知、自我评价，学会尊重、理解他人，能够了解社会道德规范和人际交往规范、尊重不同文化背景的礼节礼仪、习得与不同文化背景的人友好相处的方式方法，满足当代国际化幼儿教育需求。

目标制定的发展性。每一个主题我们都由小班、中班、大班单元组成，结构上体现发展性。每个年龄班目标的制定把握幼儿认知水平发展特点，从范围、认知、情感、态度、技能五方面提出基于原有经验基础上的发展性教育要求。比如范围上呈现从北京到中国，从中国到世界这一特征。以"动物主题"为例来阐述。

[主题目标范围]

小班——关注并了解身边常见的小动物、小宠物。

中班——关注并探索各国具有代表性的动物。

大班——关注并继续研究世界各国的动物及稀有动物。

［认知目标］

小班——发现身边常见小动物的外形及习性特点。

中班——了解各国有代表性动物的习性、生长繁衍及生活环境、对动物分类有初步认识。

大班——深入认识动物，了解动物本能、动物进化过程以及动物的生老病死，感知动物与动物、动物与人、动物与自然的关系。

［情感目标］

小班——喜爱动物，愿意和动物做朋友。

中班——热爱动物，初步感受动物与人类是朋友。

大班——珍爱动物，愿意用行动关爱动物。

［态度目标］

小班——爱护小动物，愿意照顾小动物。

中班——能够主动参与动物习性的探索活动和保护动物的宣传活动。

大班——对动物与动物、动物与人、动物与自然的关系感兴趣并主动研究。

［技能目标］

小班——学会观察小动物、善于发现动物的生活习性并帮助照顾小动物；尝试运用多种艺术形式表现小动物。

中班——尝试运用对比发现的方法收集资料，采用多种方式记录、介绍、分享、宣传有关动物的各种知识，能够用正确的方式表达对动物的热爱。

大班——尝试与同伴一起制订计划并进行合作研究。

具备文化性与发展性的目标将引领活动持续、深入展开，真正使幼儿了解我国各民族和世界其他国家、民族的文化，感知多样性和差异性，培养欣赏、理解、尊重等品质。

2. 内容选择体现适宜性、和谐性，强调多样化与可操作

内容选择的适宜性。遵循幼儿年龄特点、认知特点和学习特点，源于幼儿生活经验，选择具体形象思维和感知体验为主的内容，注重为幼儿提

供丰富的充分感知体验机会,在丰富的感性经验基础上对本土文化产生认同感、归属感,并对其他文化形成客观公正的开放接纳态度。

内容选择的和谐性。立足本土文化,融入其他文化,本土文化与外来文化之间达成和谐。与五大领域发展要求达成和谐,内容选择既满足领域要求,同时富含多元文化教育价值。中国历史悠久,文化博大精深,文化底蕴深厚,从幼儿身边出发,领略本土文化,感受本土文化蕴含的智慧与精神,在激发幼儿热爱祖国热爱生活的情感基础上,有效融入其他文化内容,对比感受差异中培养幼儿对其他文化的欣赏、理解、接纳能力,促进多元文化素养的提高。

例如,建筑在其本身的实际功能和艺术性之外的同时,作为历史文化的载体而存在,成为时代精神的产物,充分反映了不同时代的社会、民族、文化和历史。幼儿对周围一切事物充满了好奇心,随着幼儿年龄的增长,风格各异的建筑也成了幼儿们乐于探索的内容。同时,全球一体化的深入开阔了幼儿了解世界特色建筑的新视野。因此,在内容选择方面我们注意根据幼儿的发展水平,小班选取幼儿认识并喜爱的自己身边的建筑(家、幼儿园、北京以及5个典型国家标志性建筑),引导他们认识其名称、特点(材质、结构)。中班则将内容选择范围扩大到我国其他省市的著名建筑及国外著名建筑10个,使幼儿了解其结构、材质、色彩等特点。大班幼儿活动内容则重点对自己喜欢的建筑进行深入研究,并接纳世界各地有内涵和历史意义的特色建筑,知道不同国家地区建筑风格因受时代的政治、社会、经济、地域、民族、宗教、建筑材料和建筑技术发展等某些因素制约以及建筑设计思想、观点和艺术素养等的影响而有所不同,尝试了解各国著名建筑的内涵、蕴含的历史意义和文化特点。

因适宜、和谐的建筑主题活动内容打开了幼儿感受多元文化,认识世界的大门,在发展幼儿的想象力、创造力和审美感知的同时,更能帮助幼儿主动探索,接纳和尊重多元文化,我们把握幼儿认知性发展特点,从幼儿认知需要出发,为幼儿创造丰富的来源于幼儿生活经验的多元化活动,使他们在充分的互动过程中树立认知能力、获得想象能力与创造能力、体验建筑中的乐趣,初步具备世界小公民的素养:自信、理解、尊重、接纳,为幼儿积极适应多种环境做准备。

3. 组织方法体现启蒙性、多元性，强调日常化与游戏化

启蒙性。把握领域目标与多元文化教育目标开展符合幼儿教育规律、年龄特点、认知水平的感知活动与体验活动。

多元性。组织方式多元、教学方法多元、支持手段多元、资源共享形式多元，让幼儿从多元的学习环境中玩中认知、做中感受、研中理解。

"小丫走世界"系列主题活动通过双语完成，在幼儿一日生活的各个环节寻找教育契机，渗透于幼儿的一日生活：集体教育活动、区域游戏活动、环节过渡活动、户外游戏活动、家园亲子活动。同时，充分运用现代信息教学技术，打破时间与空间限制，将异国风情展现于活动之中。

日常化。多元文化主题下活动渗透于一日生活：集体教育活动、区域游戏活动、环节过渡活动、户外游戏活动、家园亲子活动。

以"礼仪主题"为例，社会交往需要礼仪，人类交往范围的扩大必然带来对礼仪文化多元理解的诉求。今天，我们的孩子身处多元文化世界中，他们有更多的机会接触到不同民族、国籍、语言及其文化。3~6岁是幼儿个性及品性形成发展的重要时期，这时对幼儿进行礼仪教育，了解多民族、多国家的礼仪文化，对培养幼儿健全的人格，塑造完整儿童起着非常重要的作用。因此，我们设计以多元文化为取向的幼儿园礼仪文化教育主题，帮助幼儿懂、学、用基本礼仪、公共礼仪等，激发幼儿遵守社会行为规则的主动性，培养幼儿规范言行行为举止的意识，树立"文明小主人"、小公民形象。

在"礼仪"主题中，我们把握幼儿年龄特点、发展水平，从幼儿生活需要出发，为幼儿创造丰富的、源于幼儿生活经验的多元化活动，使他们在充分的互动过程中树立交往的态度，获得交往的能力，体验交往的快乐。

"礼仪"主题共包括9个单元，小、中、大班各60个活动，这些活动由集体教育活动、区域游戏活动、环节过渡活动、家园亲子活动、户外游戏活动组成。

以大班礼仪主题单元二"各国礼仪我知道"为例。为了进一步开阔幼儿的视野，引导孩子们了解世界不同国家的各类型礼仪特点，教师和幼儿共同开展了第二单元《各国礼仪我知道》。从幼儿的旅行经验出发，引导孩子们在关注自身交往礼仪习惯的基础上，了解自己旅行过的国家的交往礼仪，并从中体会差异，了解并尊重、接纳不同国家的礼仪习惯。尝试探索与世界各国人们相处、沟通、交流的方法，愿意和他们成为好朋友。

单元下集体教育活动共六个。

活动一：自觉排队日（社会）。

活动二：Introduce the custom in Thailand（语言）。

活动三：在外用餐入座（社会）。

活动四：Korea custom（美工）。

活动五：Introduce the different custom（语言）。

活动六：文明小乘客（社会）。

每个活动都从幼儿发展角度出发，让幼儿在活动中了解、认知、接纳、尊重。

活动一：自觉排队日（社会）。教师利用集体教育活动的形式在家园资料搜集的基础上引导幼儿了解各个国家人民对于排队的理解，关于排队的习惯，排队方式的不同，基于幼儿生活中排队出现问题进行活动，既引导幼儿愿意在不同场合下自觉排队，同时也能够接纳并尊重其他国家排队的方式，帮助幼儿理解排队礼仪在人们交往中的重要作用。

活动二：Introduce the custom in Thailand（语言）。在主题开展过程中，幼儿结合自己的旅游经历对各个国家的礼仪习惯展开资料搜集、整理，在此过程中幼儿萌发了向同伴交流讨论自己旅行过的国家的交往礼仪是什么及其特色。通过投票，泰国是全班小朋友去过的人数排名第一的国家，孩子们对该国的礼仪特点也最感兴趣，教师设计了活动"Introduce the custom of Thailand"，引导幼儿尝试用英语较完整地介绍泰国的交往礼仪习惯，促进其英语语言能力的发展；同时，开阔幼儿视野，激发幼儿接纳尊重他国的差异，并愿意和世界各国小朋友交朋友。

活动三：在外用餐入座（社会）。进餐是旅行中接触到的非常重要的一种文化体验，不同国家的进餐礼仪更是异彩纷呈，我国是一个礼仪之邦，小朋友们已经知道进餐入座时长者先入座，但其他国家进餐时座位安排、入座顺序、坐姿习惯等孩子们也非常感兴趣。因此，教师与孩子们开展了《在外用餐（入座）》的谈话活动。

此外，单元下有区域游戏活动共五个。

活动一：搭建环球友谊乐园（建筑区）。

活动二：礼仪棋（益智区）。

活动三：礼仪牌（益智区）。

活动四：You do, I say（语言区）。

活动五：阅读不同国家的礼仪图书（语言区）。

教师引导幼儿利用家园、师幼共同制作的棋牌类游戏材料和图卡、图书等活动材料，在共同制定的规则下，鼓励幼儿能够和同伴在游戏中通过竞赛、表演、创编等形式用不同语言大胆表达多个国家的交往礼仪，感知不同国家礼仪之间存在的差异。

再有，单元下环节过渡活动五个，户外游戏、家园亲子游戏各两个。

［环节过渡活动］

活动一：竞赛游戏 Guess, guess, which country is it?（户外后环节）

活动二：指挥游戏 You do, I guess.（餐前环节）

活动三：世界大餐桌。（集体教育活动后环节）

活动四：礼仪棋游戏。（喝奶后环节）

活动五：乘公共汽车。（户外后环节）

［户外活动］

活动一：好朋友见面礼。

活动二：好朋友，跳竹竿。

［家园亲子活动］

活动一：我旅行过的国家礼仪资料册（家园）。

活动二：亲子制作《礼仪小达人》多元文化图书（家园）。

教师充分利用一日生活的各个环节，将多元文化礼仪内容与环节活动紧密结合，为幼儿创设形式多样的感知体验不同文化背景下的礼仪差异的机会。例如，环节活动：乘公共汽车，引导幼儿根据不同国家的显著标志模拟乘坐该国公共汽车时应遵守的公共礼仪。户外接力游戏：好朋友见面礼，引导幼儿根据国旗或其他国家代表物的选择提示选取适宜的见面礼表达方式与接力的同伴传递接力棒，巩固各国典型的见面礼仪，完成接力任务。亲子游戏：自制我的旅行礼仪册，鼓励幼儿在家长的支持下，完成自己旅游经历中认知的中国少数民族礼仪册或异国礼仪册，利用适宜时间和同伴分享、展示、模仿、运用。

"小丫走世界"系列主题活动在《纲要》和《指南》精神引领下，融合多元文化，在感知多样性、差异性的基础上渗透具有文化性质的人文、历史、地理等概念，将感知和体验作为幼儿主动参与的主要方式，将文化渗透融入幼儿一日生活各个环节中，通过对幼儿已有经验的激发和启示调动幼儿主动参与感受文化差异，为各种环境下的体验做储备，增加幼儿对社会和世界的初步理解，同时发展欣赏、尊重这种差异，适应并正确对待这种差异的能力与品质，为成为能够适应未来社会的"世界公民"奠基！

四、生活化的科学教育：源于生活，回归生活

著名教育家陶行知先生视科学教育为国强民富的根本，积极提倡和普及科学教育，倡导重视儿童科学教育。随着我国基础教育事业的发展、教育观念的不断更新，幼儿科学教育已经成为普遍关注的热点，尤其在幼儿园课程改革深入开展，《纲要》《指南》陆续颁布的背景下，科学教育活动也由封闭走向开放，由静态变为动态，由单纯知识的传授转向为幼儿提供更大自主探索的空间。越来越多的幼儿教育工作者深刻认识到幼儿园科学教育是幼儿全面发展教育的重要组成部分，不仅能够丰富幼儿有关自然界的知识，而且能够激发幼儿对自然的关心和兴趣，初步形成幼儿对周围的人和事物的正确态度，对幼儿的发展有十分重要的意义。为此，许多幼儿园纷纷开展了科学教育的实践活动，试图探索出适合中国国情的幼儿园科学教育的道路。

但在实践过程中也逐渐暴露出一些问题，如幼儿园科学教育目标重知识的掌握；教育内容的选择安排不合理，重现成的教材内容，轻幼儿的实际生活；重科学小实验与小制作，轻广泛的科学现象的观察；重科学概念的精确性，忽视幼儿的理解能力；教育方式的采用不恰当；教育评价不够合理，重终结性评价等。

《纲要》中指出，科学教育应密切联系幼儿的实际生活进行，利用身边的事物与现象作为科学探索的对象，科学教育的价值取向不再是注重静

态知识的传递，而是注重儿童的情感态度和探究、解决问题的能力，与他人及环境的积极交流与和谐相处。《指南》中提出幼儿科学学习的核心是激发探究兴趣，体验探究过程，发展初步的探究能力。

一幼吉祥分园和魏家分园本着"源于母体，别于母体，共同发展"的办园思路，自建园起，因地制宜将科学教育作为园所研究的重点，以课题《在幼儿园开展生活化科学活动的实践研究》为依托，积极探索"生活化"科学活动，以幼儿的生活及周围的环境为基础，使教育内容与幼儿的实际生活、感性经验相结合，让幼儿在真实的情境中直接感知、亲身体验、主动探究，帮助幼儿不断积累经验，运用于生活，解决生活中的问题。幼儿在生活化科学活动参与过程中，形成勇于探究、开拓创新的人生态度，乐于分享、善于合作的交往能力，善观察、勤思考、乐动手的学习品质，具备初步的科学素养。

幼儿园生活化科学活动是指科学活动来源于幼儿的生活，教师在真实的生活情境中捕捉、选择、寻找与幼儿生活经验相关，符合幼儿年龄特点、发展水平、认知经验的科学活动内容，幼儿主动发现、主动探究、形成结论，从而积累有益的科学知识和方法经验，并主动将科学活动探究经验运用于生活，解决生活中的问题，充分感受和体验科学活动的乐趣。

生活化科学活动从目标定位、内容选择、方法途径等方面回归幼儿生活，汲取陶行知先生"生活即教育"思想、张雪门"行为课程"生活教育理论，强调幼儿主体性，强调生活经验取向，强调源于生活的教育，强调解决生活中的具体问题，强调科学对于生活的意义。

我们将培养幼儿初步的科学素养作为科学教育的重要任务之一。科学素养一是指培养幼儿良好的科学态度和科学情感，包括对身边事物探索的好奇心和求知欲、对科学现象探索的正确态度；二是培养幼儿掌握基本的科学知识技能，包括自主探究能力、基本认知能力、创造能力、发现问题、解决问题的能力和语言表述能力；三是尝试用科学的态度对待生活，包括热爱生活、亲近自然、节能环保等积极情感和态度。

以《纲要》《指南》为引领，我们在实践中探索，树立"时时处处有教育""方方面面有科学"的教育观念，将科学教育目标融于幼儿生活，在幼儿生活中捕捉教育契机，形成一定的生活化科学活动实施路径与思路。

（一）生活化科学活动环境创设

1. 环境创设突出"六性"

科学教育环境包括：班级环境和园所环境。班级环境体现：活动区和主题环境；园所环境包括：种植园区、自然环境和硬件条件。力求通过给幼儿提供丰富多彩、有层次的各种材料、半成品或成品，让幼儿能自由地观察，自由地选择材料、摆弄，创造性地联想、推理、归纳、得出结论。幼儿在与环境互动过程中，通过发现与操作活动产生探求科学的兴趣，获得比较直观的科学知识和会运用多种感官感受事物的能力。在环境创设过程中，我们注重以下几种特性。

（1）游戏性——富含自然有趣的游戏情景吸引幼儿并激发幼儿主动与环境互动。

（2）启发性——环境中蕴含支持幼儿探索"这是什么"与"为什么"的教育价值，强调在展现感官刺激物的同时激发幼儿的问题意识，大胆提出"为什么"，鼓励幼儿主动寻找答案并探索多种不同的解释。

（3）发现性——环境始于幼儿兴趣，伴随幼儿的探索与发现不断生成并丰富。例如，幼儿对生活中的"磁"现象好奇，于是教师与幼儿一起展开对磁的发现与探索，形成"有趣的磁"主题环境。在这个环境中幼儿发现磁的特性，感受磁在我们生活中的作用，体验各种磁性玩具与游戏，尝试利用磁的同性相吸异性相斥、传递等特点进行小发明、小创造。

（4）变化性——由一个主题，自上往下，层层递进，扩展延伸，形成系统性的环境。例如，中班教师创设季节墙"多彩的春天"为幼儿提供感知发现记录季节变化的平台，其中"小树日记"板块引发幼儿对幼儿园内槐树进行观察记录树叶的生长过程，并将观察到的现象通过绘画记录等方式呈现在板块中。幼儿在环境的变化中感受季节与我们生活的密切关系。再如，小班教师投放"晴雨花"自制材料，即用氯化钴浸泡过的纸制作花瓣。因为氯化钴的特性是对水特别敏感，常温下无水的氯化钴是蓝色的，一旦吸了水，就变成了粉红色钴的化合物了。所以当天气晴朗时，空气中的水分少，晴雨花呈蓝色；在下雨前，空气中的水分有所增加，晴雨花呈紫色；当下雨时，空气中水分急剧增加，晴雨花呈现出粉红色。幼儿根据晴雨花颜色变化就可以判断天气情况。幼儿在与"晴雨花"喷水游戏过程中感受晴雨花变化的条件。

（5）融合性——以科学为主线，把科学严谨的思维与其他领域目标相融合，启发幼儿从多角度感知、体验获得新经验。

（6）挑战性——幼儿在与环境的互动作用过程中有新收获与新提高。

2. 挖掘环境中的教育价值，创设相应的科学教育环境

（1）自然物中的教育价值。孩子们对于生活中的一些自然物品常常爱不释手。根据孩子这一特点，我们引导教师挖掘生活中一些自然物中蕴含的教育因素，发挥其教育作用，使自然物品成为孩子们的操作材料。教师带领幼儿收集落叶、鹅卵石、贝壳、一些生活中的优惠券、小扣子、各种瓶盖、各种式样的锁、小电池、电线、羊肉串的签子、废旧的乒乓球、各种植物的种子等。教师将幼儿收集的自然物进行研究，分门别类挖掘科学教育价值，将这些自然物进行一定加工，赋予科学教育目标后投放到环境中。幼儿对这些材料会产生非常浓厚的兴趣，为生成有意义的活动奠定基础。例如，教师筛选幼儿收集到的各种形状、大小、颜色和质感的树叶，感受叶子可以聚成一簇，也可以遍地散落，叶子的边缘可以是光滑的，也可以是锯齿状；观察叶脉，有的像手纹，有的像伞架，有的像扇骨，有的像蜘蛛网等；了解树叶的多样性。

（2）自然环境中的教育价值。《纲要》《指南》强调，创设与利用机会支持和满足幼儿喜欢探索的需要。结合幼儿年龄特点及园所自然环境，我们因地制宜创设了科学活动环境，鼓励幼儿积极运用多种感官感知周围事物，对常见事物、现象及其变化产生兴趣和探究的欲望。例如，开辟"种植小天地"，开展幼儿种植活动，在观察生长过程中感受植物的变化，如向日葵向太阳，黄瓜、葫芦等长在藤上，辣椒有很多颜色和种类等。借助园内的植物资源开展观察记录活动《哪种水使植物生长快》《小麦苗成长记》《哪棵树先开花，哪棵树先落叶》等，开展丰收体验活动《采摘西红柿》《拔萝卜》等；利用园内动物资源开展了小金鱼喂养活动、小蚂蚁养殖活动等。幼儿将自己感兴趣的科学内容通过多种形式（绘画、记录表）记录，并将自己的观察、体验与感受呈现在班级环境中进行对比、分

享、交流，从而获得更多的经验。

（二）生活化科学活动内容来源于生活

1. 主题选择源于幼儿生活经验

生活化科学活动教育内容选择遵循源于生活的原则，贴近幼儿生活经验，捕捉幼儿的关注点、兴趣点及爱好，生成一个个探究主题。比如，盥洗时间，幼儿总是流连于洗手池，乐此不疲地玩水。于是，关于"水"的一系列探究活动随之生成。源于幼儿的探究话题吸引着幼儿、调动着幼儿的主动性、感染着教师，教育实施效果令人欣喜。

通过实践研究，我们初步梳理幼儿感兴趣的话题（见表3-3）。

表3-3 幼儿感兴趣的话题

现象	话题
生活接触	水、影子、镜子、泡泡、厨房调料妙用等
生态现象	环境、种植等
动物植物	形态特征、食性、活动方式、生长环境等
自然现象	空气、风、天气现象、天文现象
物理现象	力、光、热、声、磁、电、颜色、温度
化学现象	晴雨花、碘酒喷画、油水分离、干冰等

2. 目标制定基于幼儿发展需要

依据科学教育的目标，本着科学性与启蒙性、系统性与整体性、时代性与民族性、地方性与季节性的原则，由近及远、由简到繁、由具体到抽象、由已知到未知的认知规律进行选择与编排。目标制定结合《纲要》《指南》精神与幼儿发展需要，从科学知识与经验、科学情感与态度、科学技能与方法三方面进行思考。

（1）小班。

科学情感与态度。满足对周围事物的好奇心，乐意感知生活中直接接触到的事物或现象；乐意探索一些常见的自然现象，参加科学活动，喜爱动植物，注意身边的自然环境。

科学知识与经验。认识身边常见的动植物和自然物，感知和发现简单属性。

科学技能与方法。观察：对身边感兴趣的事物进行仔细观察，发现特征；感知：多种感官动作探索身边的事物；描述：简单描述身边事物的特征与自己的发现；记录：用图画方式保留自己的发现。

（2）中班。

科学情感与态度。主动参加科学活动，喜欢探索生活中的自然物和人造物；乐意动手动脑探索发现；愿意合作探究并分享。

科学知识与经验。感知发现简单的物理现象、自然现象，动植物生长变化与条件；发现常见材料的特征与性质；感知科学技术与自己的关系。

科学技能与方法。观察比较：发现相同与不同；联想猜测：提出问题并大胆猜测；调查记录：收集信息并用符号进行记录；交流分享：客观描述发现并与他人分享。

（3）大班。

科学情感与态度。喜欢参与科学探究活动；愿意探索并能发现问题、提出问题、寻求答案；乐意思考并创造新事物；关心、爱护自然环境，有尊重科学规律的意识。

科学知识与经验。探索生活中常见的物理现象和化学现象，发现产生的条件及影响因素；了解人与自然科学的密切关系并尝试运用科学解决生活中的问题。

科学技能与方法。分析归纳：通过整体观察或细节观察、比较性观察或连续观察与分析，发现并描述不同种类物体的特征或某个事物前后的变化，尝试进行简单的分类、概括；实验与验证：运用一定的方法验证猜测；计划与执行：尝试设计简单的研究计划或实验方案，并记录实验过程、整理成果；推测与推理：发现关联，推断简单关系、条件与结论；联想与想象：通过联想与想象，建立事物之间的新联系，进行简单创造和发明；交流与讨论：与他人合作与交流讨论。

3. 方案生成满足幼儿主动探究愿望

在生活化科学活动开展过程中，我们本着"探究是核心，问题情境是探究的起点，主体（幼儿）参与是探究的过程，主体（幼儿）结论是探究的结果"的教育思路，由幼儿发起研究愿望，设置研究问题，教师以引导者、支持者、合作者的身份参与其中，与幼儿一起完成研究任务。例如，中班一次影子探究活动就是源于教师观察中发现幼儿兴趣点，参与幼儿游戏捕捉幼儿疑惑，引发幼儿关于影子的探索愿望，从而生成一系列以"影子"为话题的科学活动：《找影子》（感知影子）、《小动物的影子》（感知影子和实体外形相同）、《影子的秘密》（发现影子产生的条件）、《影子变变变》（操作感受影子会随光源距离变化）、《影子哪儿去了》（探索影子消失的条件）、《手影故事》（感知影子原理的运用）等。可见，影子活动方案是从幼儿兴趣生成，师幼共同推动活动的开展。

科学教育内容可以有自然现象、人类、动植物、物质世界的现象、现代科技等，涉及面广且研究方向多。生活化科学活动强调从幼儿生活中来，根植于幼儿的日常生活，捕捉富含内容丰富的科学问题的幼儿兴趣点，在生成活动中落实科学教育目标。

生活化科学活动方案生成遵循有效性原则，即生成活动能够促进幼儿的科学学习与科学探究，并能够为科学领域目标达成与内容落实服务；适宜性原则，即生成活动符合幼儿年龄特点及认知经验水平；发展性原则，即生成活动利于幼儿科学经验的建构，促进幼儿原有水平的提高，同时利于幼儿科学情感、科学态度、科学价值观的养成；民主性原则，即生成活动尊重幼儿的研究愿望，教师和幼儿都可以成为问题的提出者。

（三）生活化科学活动形式富于生活化

生活化科学活动设计与组织过程中，我们从教学情境创设、教学过程的引导、操作实践的支持等方面充分调动幼儿生活经验，给幼儿创造在生活情境学习科学的空间，使幼儿在轻松、自然和真实中愉快地获得科学知识，让幼儿感受科学就在我们的生活中并以积极的情感投入到科学活动之中，为幼儿运用科学方法解决生活中的问题奠定基础。

1. 生活化的情境创设

创设与科学有关的生活化的教学情境能够有效调动幼儿生活经验，激发幼儿发现、探索、参与科学活动的积极性。只有在生活化的学习情境中，才能体现知识的发现过程以及在生活中的意义与价值。

在情境创设中,首先要注重情境源于真实的生活实际,充分调动和利用幼儿生活经验;其次要注重激发幼儿的问题意识和主动研究的愿望,促进幼儿知识的主动建构;最后要注重情感融入,激励、唤醒和鼓舞幼儿思维不断爬坡,激发幼儿科学学习的动力,培养良好的科学态度和科学价值观。例如,小班幼儿关于沉浮的探究,教师创设了水果宝宝"洗澡"的生活化情境,还原幼儿生活中为水果宝宝洗澡的场景,在真实的生活情境中发现沉浮并探索其中的奥秘。再如幼儿关于水果特征的感知,教师设计水果宝宝"捉迷藏"游戏,调动多感官感受形、色、局部特征、味等。

2. 生活化的感知体验

生活化的感知体验重在为幼儿创造宽松、自然的探索氛围,允许幼儿的自主探究,弱化教师的传授行为,强化教师的"以幼儿为中心"意识,尊重幼儿多样化的感知行为,为幼儿的充分体验提供支持。

在日常教学活动中,教师往往有这样的体会,耗费大量的时间制作教具、准备材料,可教育效果并不一定理想,运用再生动的教学方法也比不上泥土里一条蚯蚓更能引发幼儿的兴趣,这就要求教师突破按计划循规蹈矩的教学模式,把幼儿从课堂教学的笼子里解放出来,给幼儿生活化的感知体验空间,给幼儿"活生生"的教育。

例如,在盥洗环节,教师抓住小朋友每次洗手都愿意手中出现很多泡泡并互相比泡泡、吹泡泡这一兴趣,随机展开"有趣的泡泡"活动,通过"泡泡是怎么来的?手上抹什么东西就可以出现泡泡呀?你们还在哪见过这么多的泡泡?"几句简单的指导语,激起幼儿已有生活经验,与幼儿一起总结泡泡产生的条件:出现泡泡不但要有水还要有洗发水、香皂、沐浴露等洗涤用品。再如,多雨的夏天,教师把握契机,与幼儿一起:观天色—听雷声—看雨滴—打雨伞—踩雨水,幼儿感受雷雨、大雨小雨声;体验水花溅落;探究雨的形成、雨水的蒸发;思考雨水的用处等。

生活化的感知体验让孩子们在自然状态中感受生活中的科学,愿意揭开生活中的科学秘密。

3. 生活化的探索手段

生活化科学活动将幼儿接触的任何环境都作为幼儿科学教育的基地,

拓展面向生活的教学空间,树立"生活中处处有科学教育"的教学观念,鼓励幼儿带着发现的眼睛在实际生活中探究与认知。

在活动形式上,我们将科学教育贯穿于幼儿游戏化的一日生活中,通过集体教育活动、区域游戏活动、环节过渡活动、户外游戏活动进行。除此之外,还将教育延伸至园外,通过家园亲子活动等形式走进大自然,亲近大自然。例如,幼儿通过参观生态园获得丰富的感性认识:我看到黄瓜是长在藤上的;我觉得大米的叶子黏黏的,像双面胶;我以为玉米没有毛呢;我发现拔萝卜真的很好玩;我以为西红柿小时候也是红色的,没有想到是青绿色的……丰富的认识激励着幼儿的探索愿望,一系列探秘活动随之生成。

在活动指导方法上,我们致力于探索还原幼儿做科学活动主人的方法,努力做到让幼儿在发现中探索科学奥秘、游戏中感知科学概念、生活中运用科学知识。

(四)生活化科学活动服务于生活

1. 激发幼儿生活意识的科学化

生活化科学活动源于生活、回归生活,在实际生活中,幼儿将自己的发现与科学知识经验运用于生活,解决生活中的实际问题。同时,幼儿运用科学进行再创造,尝试将科学运用作为解决生活问题、服务生活的手段。除此之外,在研究的基础上,幼儿对于自然物及人造物,如水、电等属性特征有所了解,同时增强了自我保护、自我解决问题以及创新的意识与能力。例如,幼儿自己想办法解决问题:寻找到图书破损修复的多种方法,巧妙去除衣服上的笔痕及油渍;幼儿科学创造小发明:运用滑轮原理制作升旗模型,利用镜子制作相机,利用沙土和炭制作净化水工具;利用空气制作空气大炮玩具,利用气流制作火箭升空玩具,利用影子原理制作皮影戏道具,利用碘酒与淀粉作画等。

2. 帮助幼儿积累科学探究经验,学会学习,学会生活

科学是一种思维方式,是一种获得知识的方式;科学也是一种态度,一种对待知识的态度。处于终身教育背景下的高质量的幼儿教育,强调精心呵护和培植幼儿对周围事物和现象的好奇心和探究欲望。在生活化科学

活动中，教师不再单单强调让幼儿获得知识，而是要把知识的获得同幼儿科学探究方法、科学探究能力、科学探究态度的培养结合起来。教师保护幼儿的好奇心与探究欲望，让幼儿把参与活动看作是快乐的事，从而提高幼儿活动的积极性和效果，永远保持探究和学习的热情。

幼儿在生活化科学教育活动中所面对和解决的是有关周围事物和生活中出现的问题。幼儿主动探究解决这些问题的过程，运用各种感官积极地观察、操作、实验，对探究结果进行推理得出结论，用适当的方式表达并与同伴进行交流，这使幼儿学到的是如何去获取知识，也就是学会学习。通过幼儿亲历这些问题的探究，也将发展在社会生活中所必需的能力和行为，从而将科学作为他们的生活准则，培养一双在生活中发现问题的慧眼，形成一种在探究中获取知识的态度，发展一种在操作中洞悉世界的能力。

总之，在园本课程的建设与运行过程中，要始终围绕着孩子、教师以及园所的发展，把它们作为检验课程实施效果的主要指标。幼儿园的课程建设是一个动态的、不断完善的过程，在这个过程中，我更进一步验证了园长领导力的作用，只有园长的领导力到位，干部、教师才能自觉自愿地跟着你做好园里的教育教学工作，才能有效地提高办园质量。

第四章　对幼儿园的科研领导

第一节　教科研的理念与模式

一、思想开启未来：一幼必须走教科研兴园之路

可能在许多人的眼中，"科研"是一项高精尖的技术，科研工作只是科学家工作的范畴，压根与我们挨不着边。我曾经在接触和了解以前，也有过相同的观点。实际上，当科研渗透进我们的生活和工作时，我们才发现，科研并不讳莫如深、遥不可及。相反，它时刻围绕在我们教育工作者身边，是伸手可及、亲切可触的。在一幼发展的历程中，我越来越认识到要想在以科技为主要生产力的当下，使孩子获得更加优质的幼儿教育，一幼必须要坚定不移地走上教科研兴园之路。

幼儿教育是一个特殊的领域。在这个领域中，保育、教育与科研的开展必然是齐头并进、浑然一体的，是不可或缺、不可分割的。离开科研的教育活动无法解决在孩子身上发生的多种多样的问题，也无法解决孩子间个性的差异与多变，而离开教育实践的科研也很难有真正价值的研究成果。所以，教育与科研的结合是幼儿教育的重要特点，也是精心构建并支持幼儿发展的教育活动体系的重要环节。

恩格斯说过："一个民族要站在世界的顶峰，没有理论思维是不行的。"思想观念是行动的先导，有什么样的教育思想、教育观念，就有什么样的教育。教科研兴园的战略思想是提高教学水平和教学质量的必然选择和有效途径。对于幼儿园来说，教科研活动不是目的，而是手段。幼儿园工作的特点是冗杂和琐碎，因此为了更好地掌握幼儿的特点，做好教育

工作，研究教学、研究儿童是十分重要的。教科研可以增强教育的针对性和科学性，因此幼儿园应该重视教科研工作，发挥教育科研工作对教育改革和发展的促进作用。但是幼儿园的教科研不是论文，不是数字，而是幼儿的发展，办园质量的提高。因此，不能为了教科研而搞教科研，一定要让它切实解决教育教学中的问题，成为提高教育质量的手段。

1978年我参加工作，在一幼这片沃土里，担任幼儿教师。20世纪80年代初我就开始接触到一些教研活动，并从此结下了不解之缘，如"有趣的数学游戏""常识游戏活动（现改为科学教育）""幼儿的'双爱'（爱祖国、爱家乡）教育""幼儿角色游戏"等。每每看到这些研究的成果给孩子带来发展、带来快乐时，我总是有说不出的喜悦和兴奋！

正是因为如此，1992年由于工作的需要，当我走上园长岗位时便把教科研定为我工作的重中之重来抓。因为，我清楚地认识到：一幼只有走教科研之路才能兴园，才能兴师，才能促进幼儿的发展。在教育实践中，我把教科研工作与园本课程建设紧密地结合在一起（在一幼以后创建的几个园也是如此）。因为，课程是落实教育目标的有效途径，只有通过教科研，通过课题的研究，才能使园本课程建设更科学、更规范、更实效。为此，我们认真学习了《纲要》《指南》等相关的纲领性文件，同时也对课程、园本课程以及如何进行园本课程建设等一系列问题进行较为深入的学习与梳理，树立一种大课程观，探索园本课程建设的路径，建设一个支持幼儿发展的课程体系。

二、以发展为中心：建立有效的教科研模式

面对一幼"一园五址"的现状，如何既能体现出一幼整体的教育精神、教育风格，同时又具有各园不同的教育特色呢？结合实际情况，我摸索出了一套"三级网络层次化、五元结构复合式"的教科研模式。

三级网络是指：①中心引领组。由园长和各园主管园长、中层干部组成，园长是第一责任人；负责研究、制定一幼总体的园本教研制度建设，宏观引领，制订方案，总体调控，分别指导；研究、解决教研中具有共性的问题；打造市区骨干教师及专业化精英团队。②核心指导组。由各园的主管园长、中层干部、教研组长组成，由主管园长负责；负责研究、制定

自己所在园的园本教研制度建设，要求具体、深入，分层指导；研究、解决教育实践中的重、难点问题；培养园内骨干教师及全体教职工队伍，搭建成长平台。如时间合适我会参加各园这个组的活动。③实践研究组。由各园保教主任、教研组长、各班班长、全体教师组成，由保教主任负责；负责协助核心指导组完成实践层面的教科研的研究任务；研究、解决教育实践中的具体问题；提高教师自身的专业化水平。要求各园的干部（包括我自己）如果时间允许都要参加实践活动。

五元结构是：在教科研中，首先，一幼的五所幼儿园彼此之间相互学习、交流、探讨、借鉴，形成互生互补的横向联系；其次，每所园根据自身的情况自我挖掘、自我研究，形成各园的纵向深入；最后，形成五足鼎力，珠联璧合，横向交叉，纵向系列。这种模式通过层次分明、纵横交错、互相推动的组织管理网络保证了教科研深入、实效地开展。

第二节　教科研的保障与实施

一、为教科研提供保障：建立精细化的教科研管理制度

借助灵活的管理机制和完备的教研制度，推动教科研工作不断深入地开展。

（一）教科研工作领导职责

1. 园长职责

（1）园长是第一责任人，是身体力行者。园长应全面负责教科研工作，制定教科研制度，指导保教主任制订园本教研计划，发动全体教师积极参与园本教研，督促和评价幼儿园园本教研。

（2）带头学习教研理论并参与教学研究，举办专题讲座，向教师介绍教学研究方法，指导各教研组开展校本教研，成为教师真诚的同伴和专业引领的力量之一。

（3）负责一个研究课题或子课题，亲自参与园本教研活动，及时了解研究动态，发现问题并及时修订研究计划。

（4）充分挖掘幼儿园内及周边的教育资源，整合各部门的力量，形成融教学、科研、培训为一体的园本教研机制。

2. 保教主任职责

（1）全面制定园本教研制度与计划，发动全体教师参与园本教研，督促和评价园本教研工作。

（2）带头学习教育理论并参与教学研究，举办专题讲座，指导各部门开展园本教研，坚持每周下班看研究现场，组织、参加各教研组的教研活动，成为教师的真诚同伴，并发挥好专业引领的作用。

（3）注重营造园本教研的氛围，积极搭建研讨、交流平台，定期举办理论学习、经验交流、协作研究等活动。

（4）支持优秀教师参加高层次进修，做好骨干教师的选送和培训工作，组织全体教师分期分批参加上级组织的业务培训。同时，制订培训方案，努力做好园本培训工作。

（5）深入贯彻《纲要》精神，结合幼儿园工作中遇到的实际问题开展有针对性的研究。

（6）发动全体教师学习教育理论，注重联系实际，加强对实践成果的经验总结。

（7）建立并不断完善园本教研活动记录和教师专业成长档案管理机制。

3. 教研组长职责

（1）教研组长由业务能力强、教学经验丰富、有一定的思想水平和组织能力的教师担任。各教研组长要配合保教主任抓好日常教学管理工作。

（2）教研组长要协助保教主任组织教师开展园本研究，探索教学规律，进行教学管理，提高幼儿园保教工作质量。

（3）教研组长在开学初与保教主任共同结合幼儿园实际，制订可操作性和科学性强的学期教研工作计划。

（4）在保教主任不在的情况下，组织教师进行园本教研的常规系列活动：理论学习、观看录像、集体备课、评价研讨等。

（5）在保教主任的指导下，定期布置、更换幼儿园"园本课题分享栏"中的内容。

（二）课题管理制度

1. 课题的申报和开题

（1）根据市、区教科所的通知，由教科研部组织教师做好课题申报工作。

（2）课题申报人同一年度申报区级课题限一项；上一年度承担的课题未结题者不予申报；没有充足理由未完成所负责立项课题的研究者（即自动终止者），三年内不得申报新的研究课题（省、市级课题按省、市规划办有关规定执行）。

（3）鼓励教师主动申报东城区一级和一幼园一级的课题研究，选题方向包括：①从教师的基础和已有条件出发，以教师力所能及的问题为目标；②选择教师感到迫切需要解决的问题为研究方向；③从范围较小、较易解决的问题开始，以园为本，结合学科教学，从小到大，逐步提高；④尽量使教育科研工作与日常教学工作密切结合起来，既不加重教师负担，又有利于解决教师的困难；⑤充分发挥群众的智慧和积极性，注重发挥教师的个人优势。

（4）幼儿园教科研部对教师申报课题（实施方案）进行初审，确保课题的可行性，凡符合要求的课题予以上送。

（5）所申报的课题一经国家、市、区有关部门立项，则课题评审费及相关研究经费予以报销。

（6）撰写课题实施方案应遵循以下原则。

①实用性原则。课题对教育改革和发展有现实意义和指导作用，或在教育、教学理论上有较高学术价值。

②创造性原则。课题要在原有的基础上有所创新、有所发展，要体现特色。

③科学性原则。课题要有事实和理论依据，立论理由充分。

④可行性原则。课题研究目标明确，内容具体，方法步骤切实可行，具备开展课题研究的人力、物力、财力、时间等主客观条件。

⑤以园为本原则，课题要立足本园特点和教育教学课程要求，反映本

园特色，有利于一幼教育教学水平提升、幼儿发展的个体需求和能力发展。

（7）各级立项课题所需科研经费由课题组申请，教科部审定，园长审批，园所从各方面对课题的实施和开展进行支持。

2. 园本研究自主择题制度

在全园性的课题研究中，每一位教师可根据本班幼儿的发展水平及需要，并结合自身的兴趣及特长选择适宜本班研究的项目主题。并根据题目撰写个人专题研究计划，并在期末进行专题总结。

3. 学期教研专题确立制度

（1）研究方向确立制度。业务干部需根据上一学期幼儿测查情况和教师业务考核情况，参照园本课题的研究重点，划定本学期的专题研究方向。

（2）研究问题收集制度。业务干部根据专题研究方向向教师发放调查问卷，了解教师在这一专题上的主要困惑、问题，以及研究兴趣所在。

（3）"预研究"制度。请1~2位骨干教师根据研究方向尝试带着问题去实践，业务干部与专家观摩一节活动或一个半日后，深入分析教师在研究中遇到的问题，确立本学期具体的教学研究重点。

（4）业务干部在前面几项工作的基础上，制订详细的教科研计划，明确本学期的教研专题以及具体的研究问题，并向全体教师通报。

4. 课题的结题和推广

（1）课题研究应有阶段性成果显示和阶段性小结，教科部主要负责对课题研究过程的管理和终端检测评定。

（2）立项课题研究结束后，承担者要写出课题终端研究报告（论文）（形式分为：研究报告、科研论文、专著、玩/教具或环境创设资料等），争取成果审核评定。

（3）市区级以上课题需根据上级要求举办课题结题会，并将结题成果进行展示、交流。

（三）**专题研究每周交流制度**

（1）业务干部根据学期初制订的教科研计划，有目的、有计划地组织每周一次的教研活动。

（2）教研活动前三天，组织者要下发具体的研究计划，明确当次活动的研讨重点和研讨形式，研讨结束后要有相应的研究小结和反思，并提出下一次研究的重点。

（3）在教研活动中，教师要端正研讨态度，主动参与研究，把在日常工作中对研究问题的思考和实践积极与同伴分享、交流。

（四）优秀教育笔记推荐交流制度

（1）优秀教育笔记的评选是教师反思教育过程、展示优秀教育案例、交流教育心得的有效途径，教师在日常工作中，需结合研究重点定期撰写、争取推荐，教师优秀教育笔记的入选篇数将纳入期末考核体系中。

（2）业务干部每周需推荐两篇有价值的教育笔记放到"交流园地"，并结合教研重点附上推荐理由。

（3）教师在看完这些教育笔记后，需在自己最认同的一篇上画上标记，从而每月一次评出月优秀教育笔记。

（五）期末专题交流制度

（1）每学期，教师要根据本学期的研究重点，撰写个人研究专题总结。

（2）每学期末，业务干部需要组织教师专题总结交流会，所有教师都要准时参加，并积极向大家汇报自己的专题总结。

（3）专题总结交流会后，业务干部应将教师有价值的专题总结收集成册，留做研究资料予以保存，并发给全体教师传阅、分享。

（六）教研活动质量评估制度

（1）园长需定期参加教研活动并对活动效果进行分析，将考核结果纳入业务干部的成长档案。

（2）业务干部需每月一次撰写教研活动效果反思。

（3）教研活动效果评定标准为：①能根据本学期教研计划安排活动，教研目的明确，学习研讨的内容具体、清楚。②能围绕教研活动内容选择适宜的方式。③业务干部思路清楚，能用正确的教育理念引导教师，对研讨的问题进行分析归纳，帮助教师提升。④注重营造民主宽松平等的研讨氛围，将教师主体积极性调动好。

（七）科研资料收集制度

在教科研工作开展过程中，应全面收集以下几个方面的资料。

（1）教科研相关规章制度或工作计划（规划、学期研究计划）等。

（2）教科研开展过程中取得的成果性资料，包括相关的集体获奖、研究成果获奖和发表、交流的资料和证明材料。

（3）针对课题研究过程中的详细资料：①计划性资料（总体方案，实施计划，阶段性计划）；②基础性资料（研究背景材料，研究对象基本情况分析，研究教师基本情况分析）；③过程性资料（研究方案，研究观察记录等）；④专题性资料（专题讲座、报告、研讨、论文、照片、录像等）；⑤效果性资料（个案变化、群体变化资料，检测统计成绩，检测的试卷，获奖发表的作品等）；⑥终结性资料（研究论文），体现真实、正确、完整、系统，科学性与适用性相结合。

（八）教科研激励制度

1. 教科研成果评优制度

园所将教科研成果纳入教师等级考核评价标准，对于本学年有课题研究的教师，在评聘、晋级、评先、评优同等条件下予以优先考虑。

2. 专项奖励基金制度

园所在每学期期末奖金中设有教科研专项基金，对于参与园本研究的教师以及教科研论文获奖或交流的教师均有专项奖金。

3. 课题参与激励制度

对于主动参与园级以上课题研究的教师，园所予以充分的经费和时间保证，并在期末给予适当奖励。

4. 教师自主承担课题激励制度

鼓励骨干教师以承担人的身份承担市、区级的专项研究课题，申报立项成功后，园所给予教师适当的课题补助基金，并在课题开展过程予以时间和经费支持。

积极促成研究成果（论文、图片、音像资料、教材等）的出版、发表和推广。在教科研工作过程中，教科研管理制度得到了进一步完善，并充分发挥其导向、制约作用，使教科研工作得以顺利开展。例如，园本研究中心组制度，充分发挥了园内骨干教师在研究中的主体作用；每周的课题日制度，为教师、管理者和教育专家之间搭建了有效的互动平台；研究档案共享制度，使得5个园所的每位教师都能切实享受到研究成果对自己工作的帮助；"课题的资料收集和档案管理制度"使研究真正做到：研究前有课题论证、阶段研究方案和计划；研究过程中有记录、有检查、有阶段小结；研究后有结题报告、论文、经验篇及活动案例等，形成一套较为完善的教科研资料收集、整理和课题档案管理。

二、认真分析园情，确立有针对性的教科研内容

教科研工作的开展离不开明确的研究问题、内容，它需要我们从大处着眼，小处入手，选择符合园所发展需要、幼儿发展需要、教师成长需要、教育教学实际需要的研究问题、内容开展深入研究。为此，每次在研究确定课题的问题和内容时，我们都要反复进行推敲，全面进行分析，最终确定要研究的问题和内容以及课题的题目。

（一）一幼本园

多年来，一幼本园一直在进行有关艺术教育方面的研究，积累了一定的艺术教育经验。"八五"期间，我们进行了"快乐的音乐教育"研究；"九五"期间，又进行了"中华民族优秀传统艺术启蒙教育"研究。但对于如何激发幼儿参与艺术活动的兴趣，如何使艺术教育的过程成为幼儿愉快学习的过程，如何利用艺术教育培养幼儿健全人格、丰富情感、想象创造，如何将艺术领域与非艺术领域（健康、社会、科学、语言）相互沟通和融合，从而发挥幼儿园艺术教育的整体优化效应方面还有待探索，还缺乏系统的研究。

为此，我们认真、仔细地分析了当前幼儿园艺术教育方面存在的问题，大量资料表明，重点体现在以下两种情况。

一是艺术教育分科进行，即将艺术教育划分为美术、音乐两个学科进行教学，后又把语言领域中的儿童文学以及戏剧纳入其中，这是最传统的

艺术教育的方法。这些艺术科目各自有独立的大纲和进度，教育者只需根据大纲的要求和幼儿的年龄特点制订计划，并对幼儿实施计划即可，教学中不用考虑这些艺术之间及与其他领域之间的内在联系。

二是艺术教育技能化、专业化。这种情况最早出现于20世纪80年代，当时各种艺术考级、培训班、舞台演出都有幼儿参加，许多地方还办起了艺术幼儿园，对幼儿进行高难度的艺术基本功训练，把艺术能力的培养作为专业技能训练来进行，这种做法是把艺术教育等同于了"技艺教育"，丢掉了艺术的灵魂——情感，束缚了幼儿的自由创造、自由表现，把具有自由创造特性的艺术教育活动变成了专业化的训练活动，使艺术教育趋向技能化、专业化。

《纲要》中艺术领域的基本精神，更向传统的艺术技能教育提出挑战。淡化学科体系，反对学科知识技能简单地机械传递，强调充分遵循幼儿的身心发展规律和学习特点，充分发挥艺术教育与不同领域教育的交叉和融通，强调艺术教育的整体性，目标的整合性，培养审美情趣，积累审美体验，提高审美水平。在这种背景下，"十五"和"十一五"期间我们分别提出了《幼儿艺术教育"四性"的实践与探索》及《幼儿园综合艺术活动指导策略的实践研究》的课题研究。通过课题的研究，初步形成了"综合艺术"教育的园本课程。

（二）一幼实验园

为了满足人民群众日益增长的教育需求，2000年9月一幼实验园如期开园。如何能让这所体制改革园得以生存和发展，是我那段时期一直深思熟虑的问题。通过分析，我们提出了"努力满足人民群众对优质学前教育的多元需求，为在多元文化生活中快乐成长的一代新人奠基"的办园理念；以及"以质量求生存，以特色促发展"的办园宗旨；并根据幼儿发展需要及借鉴一幼培养外籍幼儿学习运用两种语言经验的基础上，把"特色"定位在双语教育上。

"汉英整合"的双语教育课程模式的研究就是从那时开始的。为什么把实验园办成双语园呢？其原因之一是培养孩子们的国际交流、竞争、合作的能力，为孩子成为世界人、地球人奠定基础；之二是在学习双语的过程中让孩子们吸收一定的西方文化，对提高本民族素质是有利和必要的；之三是幼儿期是学习语言的最佳期，特别是幼儿的早期，能正确感知不同种类语言的发音，如果我们利用幼儿学习语言的优势，发挥幼儿学习语言的潜力，让他们多掌握一种纯正的外国语是完全可能的；之四是一幼是敬爱的周恩来总理和外交部指定的外事开放单位，从1972年开始接收各国驻华使馆子女入托，迄今为止已有70多个国家的3000多名幼儿在园学习和生活过，看着这些活泼可爱的外国幼儿，能流利地讲2~3种语言（母语、汉语等），我们也生起一个心愿：什么时候能把我们的孩子也培养成能讲两种语言，那该多好啊！

但是在教育实践中，什么是真正的双语教育，我当时并不十分清楚。虽然，我们有一定的教育外国幼儿的经验，但缺乏对双语教育的研究。刚开始时，我们找遍了新华书店，上百种的幼儿英语教材，但哪一种都不能和学前教育的五大领域结合起来。无奈之下，我们引进了一套幼儿英语教材，英语教师教英语教材的内容，母语教师教母语教材的内容，当时我把它形容成：就像两匹向不同方向跑的马（中、英语教师），拉着孩子这套车，弄得教师、孩子都很累，很辛苦，没有一套完整的知识体系。中、英语教师分别向我诉说苦衷，更重要的是孩子的发展受到阻碍。怎么办呢？残酷的现实让我冷静下来，分析问题，查找原因。我和老教师们一起回忆了当年带外幼的情景，那一幕幕、一桩桩的典型案例，使我们茅塞顿开。"环境！对，是环境！是双语教育环境！"从那时起，我们才真正进入了"幼儿园双语教育环境创设的实践与研究"的课题研究（市规划课题）。通过理论学习和教育实践使我们进一步明确地认识到：幼儿学习语言主要是通过习得，即在一定的社会文化环境中，在与周围人的交往中发展起来的，语言环境是幼儿双语教育的关键因素。由于有了正确的教育理念，有了正确的研究方向，才有了今天的"双语整合"的教育环境模式。

由此，一幼实验园在"十五"到"十二五"期间分别开展了北京市、东城区级课题：双语教育环境的创设、双语整合课程的架构、双语课程在生活中的落实、双语故事表演活动的指导等方面的研究，并初步形成"幼儿园汉英整合双语教育"课程体系。在课程建设中，我们坚持教育立足于民族与传统，立足于世界和现代，让幼儿从小接触多元文化，在自然习得母语和英语的过程中,培养幼儿活泼乐观的人生态度、自由愉悦的交往能力、创新合作的行为习惯,促进其体智德美和谐发展。

(三) 一幼海晟分园

"扩园不能稀释教育质量"就是建立海晟分园时提出来的。为此,我与一幼海晟分园的教科研团队认真分析、研究了该园的园本课程建设方向及研究的思路。

随着世界全球化进程,文化的全球化趋势日益增强,多元文化教育成为世界多元一体发展趋势的产物。一幼海晟分园紧跟时代要求,迎合世界多元化发展需求,顺应学前教育发展趋势,在双语整合课程的基础上,从幼儿兴趣需要出发,立足幼儿生活感知经验,着眼幼儿未来发展,以多元文化教育为契机,在提供优质学前教育服务的同时进行多元文化启蒙教育,使幼儿在认识自我、了解他人的基础上,初步具备国际化的视野和思维方式,从而学会欣赏、包容、接纳、尊重不同文化背景、不同地区和国家的人们,并乐意与他们共处。

在幼儿园进行多元文化启蒙教育对培养"全面发展"的儿童赋予了更新、更多的含义,即强调儿童情感、态度、能力、知识、技能发展的同时,注重"世界公民"素养的培养,使幼儿成长为具备"自主、健康、创新、博爱、文明"特质的世界小公民,以更好地适应未来社会的发展。

为此,一幼海晟分园在"十二五"期间,开展了市级规划课题"幼儿园多元文化启蒙教育实践研究",研究成果日见成效。

(四) 一幼魏家分园

这所分园占地面积835.67平方米,建筑面积507.36平方米,只能开设四个小班,可容纳90名幼儿生活和活动。

这个幼儿园最大一个特点就是"小":幼儿活动室小,户外活动场地小。因此,看惯了一幼其他分园,再看这个园总感觉憋得慌。面对魏家分园活动室面积狭小的现状,怎么办?改变不了环境的情况下,只能改变我们的思想,改变我们的做法。在这样一个小院里如何体现大教育思想?如何利用有限的空间充分让幼儿活动起来?如何将小空间最大化地合理利用?这是我们研究的重点。通过研究我们设想到了"循环区域活动"这个方法，把五个活动室整合起来利用。根据幼儿五大领域发展的需要，站在幼儿的角度，从孩子的心理出发，本着区域活动具有开放性，内容丰富，满足幼儿需要的原则，打破班级，让幼儿走出本班，参与到各班的活动区域中。

我们充分利用五个活动室分别创设出表演区、美工区、科学区、益智区、娃娃家、超市、建筑区、图书区等，为幼儿提供了动手、动脑，并且能按照自己的兴趣和能力进行活动和施展才能的机会。幼儿可以根据自己的兴趣爱好自主选择区域活动，教师可根据观察、了解的幼儿进区情况，并依据其发展的需要引导幼儿进区，以促进每位幼儿全面发展。活动区域打破了班级的界限，拓宽了原有的活动空间，使幼儿拥有了更广泛的环境与信息资源。

为此，一幼魏家分园的教师们紧紧围绕"小院大教育"这个主题，从教育的方方面面展开研究，收获颇丰。

（五）一幼吉祥分园

科学教育是幼儿园课程体系的重要组成部分，科学教育对发展幼儿的认知能力、提高他们的思维水平有特别重要的意义。一个人在幼儿期形成的对周围世界的探究兴趣及解决问题的能力会使他们终身受益。

世界各国政府都十分重视幼儿科学启蒙教育的理论和实践研究。如美国和法国的科学活动中幼儿的"做中学"项目，日本《幼稚园教育要领》中强调幼儿园科学活动中孩子"自然性"的发展，印度的"幼儿趣味动手学科学"的研究，德国的"尊重科学事实、发展孩子个性的实践活动研究"，等等，都把培养幼儿的探究能力、探究意识以及通过各种探究活动而获得的个人经验作为培养幼儿完整人格的科学素质要素。

随着"科教兴国"战略的提出及教育改革的不断深入，我国在20世纪80年代末，便提出了幼儿园科学教育问题，幼儿园中几十年来一直沿用的"常识课"现已被"科学教育"所取代。此后，国家教委、国家科委发布了一系列有关通知，以及《纲要》等重要文件，要求加强中小学包括幼儿园的科技教育，许多幼儿园纷纷开展了科学教育的实践活动，试图探索出适合中国国情的幼儿园科学教育的道路。

但在实践过程中也慢慢出现了一些问题：幼儿园科学教育目标重知识的掌握；教育内容的选择安排不合理，重现成的教材内容，轻幼儿的实际生活；重科学小实验与小制作，轻广泛的科学现象的观察；重科学概念的精确性，忽视幼儿的理解能力；教育方式的采用不恰当；教育评价不够合理，重终结性评价；等等。

《纲要》指出，科学教育应密切联系幼儿的实际生活进行，利用身边的事物与现象作为科学探索的对象，注重儿童的情感态度和探究、解决问题的能力，与他人及环境的积极交流与和谐相处。《指南》中提出，幼儿科学学习的核心是激发探究兴趣，体验探究过程，发展初步的探究能力。

所以，在一幼吉祥分园我们提出"在幼儿园开展生活化科学活动的实践研究"课题，以幼儿的生活及周围的环境为基础，使教育内容与幼儿的实际生活、感性经验相结合，让幼儿在真实的情境中主动探究，最终能运用所学知识解决生活中的问题，使幼儿科学教育既来源于幼儿的生活，又能指导幼儿的生活。

研究活动开展以来，生活化科学教育阶段性研究成果突出，园所科学教育特色初步形成，幼儿生活化科学活动参与兴趣浓郁，教师生活化科学教育研究氛围、教学氛围浓厚，受到同行一致肯定与赞扬，幼儿的成长变化得到家长的一致好评与认可。值得欣喜的是，园所"在幼儿园开展生活化科学活动的实践研究"获得北京市教育科学规划办"十二五"课题立项批准，教师多篇生活化科学教育相关论文在市、区获奖。

由此可见，认真分析园情及幼儿发展的需要，科学、明确地确定教科研的目标、内容、方式、方法，为园本课程的建设奠定了有效的基础。

三、自主选题，变被动式发展为主动式发展

在教科研中，我发现教师不仅要关注怎样"育人"，更需要关注怎样"育己"。因此，我们认为教科研活动是否能研究出一个结果并不重要，重要的是教师作为一名教育者其发现问题的能力和反思素质是否获得提高，是否产生心灵的碰撞。怎样才能激发教师研究的主动性和积极性呢？我们提出，要变被动的引领式研究为主动的选题研究，即以各园课题研究为载体，教师可以根据自身的能力、兴趣、要求等，自主选择研究的内容及研

究的方向等。通过课题研究，促进了教师研究的自主性和积极性。

例如，一幼本园在研究综合艺术教育的课题中，教师们可以根据自己的特长及班级幼儿的兴趣、需要，自己选择研究内容。在活动主题选择中，每一位教师都可以根据本班幼儿的发展水平及需要，并结合教师自身的特长选择本班的活动主题和研究重点进行研究。戏剧表演对于发展幼儿的综合艺术能力十分有效，有的教师在此方面有自己的特长，因此，教师就选择以戏剧表演为主要表现形式的综合艺术活动进行实践研究；还有的教师在舞蹈教学方面有一定的经验，而舞蹈本身又可以调动幼儿的多种感官，对促进幼儿艺术表现力和创造力发展十分有益，于是该教师就选择以舞蹈为主要表现形式的单元活动组织教学，在幼儿发展的同时也促进了教师自身艺术素养的提高；有的教师侧重于研究如何促进幼儿综合艺术能力的提高；有的侧重于研究在艺术活动中如何培养幼儿良好的人文素养；还有的则侧重于研究在活动中如何对幼儿进行多元化的评价等。

一幼实验园在"双语在幼儿园一日生活中应用的适宜性研究"课题中，每位教师可根据本班幼儿的发展水平及需要，并结合自身的兴趣及特长选择适宜本班研究的单元主题。有的侧重于研究如何促进幼儿双语能力的提高；有的侧重于研究在双语活动中如何培养幼儿良好的行为习惯；还有的研究在活动中如何对幼儿进行多元评价等。

一幼海晟分园年轻教师多，就个人的发展都有一定的想法。因此，在教师的个人特色方面我们遵循以"个人规划为主、发展特长为先、业务支持引领、交流促进提升"的方法，为教师搭建学习、实践、发展的平台。

一幼实验园、海晟分园的双语教学特色决定着教师的业务发展方向要在母语和英语方面进行选择，每年的大学生一入职我们就鼓励有条件的新入职教师根据自己实习期间的感受选择个人的发展方向，从而为她们选择合适的师父进行引领指导。而对于中年教师，教研组则根据教师的个人特长及发展规划，支持她们进行个性化的小组研究。如海晟分园由骨干教师领衔的美术特长小组开展的"多元文化主题下绘画素材及指导方法研究"，无论哪位教师只要对绘画感兴趣，愿意参与实践研究，均可进行有关方面的探索；还有主题下的区域绘画活动研究，集体教育活动中绘画指导研究，如何在生活环节中开展绘画欣赏活动的研究等。从不同的角度来看这些研究不仅促进了幼儿的发展，而且促进了教师更加积极、主动的发展。

四、研究常态化，工作即研究，研究即工作

教科研工作是常态化的，它不仅是课题的研究，也是日常工作中问题的研究。

1. 如何科学地运用"公共餐厅"

一幼实验园为了突出双语教育特色，提高保教工作质量，我们在该园建立了公共餐厅。这个餐厅的设置将全园幼儿的进餐环节统一起来管理，餐前的各项准备工作及餐后的卫生工作均由厨房人员负责，保健医集中监督、指导，各班助教负责幼儿进餐中的各项教育和保育工作，使全园教职工在幼儿进餐这个环节中，各司其职，各负其责，通力合作。但在实施过程中由于没有成功的经验可借鉴，因此出现了一些质疑声。

教师："没这样带过班，有些乱；孩子自己下楼我们不放心。"

保育员："全园的孩子在一起吃饭，我总感觉手忙脚乱的。"

保健医："孩子在班上洗好手，到餐厅后会不会又产生二次污染？这么多孩子在一起吃饭，会不会相互影响？"

……

为此，就这个问题我们进行了1~2年的跟踪研究，并深入分析了其教育价值及问题。教育价值的体现主要表现在以下几个方面。

（1）公共餐厅拓展了幼儿自由活动的空间。公共餐厅的设置使各班的活动室不再因为兼顾三餐需要而桌子成堆、活动区溜边，教师可以完全根据游戏的需要合理布局。活动空间宽敞，游戏空间扩大，游戏活动材料增多，孩子们在游戏时选择玩具的方式也拓宽了，为孩子们主动的学习游戏创造了有利的条件和空间。

（2）公共餐厅为全园社会化提供了良好的条件。公共餐厅的设置打破了过去班与班之间的界限，从走向餐厅到进餐再到进餐后回班，孩子们都可以选择和其他班小朋友一起做事：在餐前下楼环节中，大班的孩子可以到楼下邀请中班幼儿一同下楼，同楼层不同班的小朋友也可以相约一起走；在进餐环节中，全园幼儿都可以根据自己的喜好选择就餐的位置和伙伴；餐后回班时，孩子们又三五成群地回到班上同教师一起游戏。饭前，小值日生介绍食品活动使全园的孩子相互认识，而添饭的环节又增进了孩子们与其他班教师、保健大夫、食堂工作人员的情感交流。时间长了，孩子们相互熟悉了，大班的哥哥姐姐会主动帮助中班弟弟妹妹整理餐具，引领弟弟妹妹按规则拿取餐巾纸，同时弟弟妹妹遇到困难时也会找哥哥姐姐或教师帮助。逐渐的，孩子们已经学会了一种与人交流的方式，进餐过程中常听到孩子轻声细语的交流。

（3）公共餐厅的设置为完善园内各部门工作提供了直接的依据，为园内各部门工作之间的交流与调整提供了便利的条件。在幼儿园一日三餐这个环节下，保健大夫一目了然地观察孩子对各种食物的喜好，了解全园孩子的进餐量，为食谱的制定提供了最好的、直观的依据，增强了工作的计划性和针对性；食堂工作人员现场观察孩子吃饭便于他们随时发现孩子的需要，找到制作饭菜中的不足，及时改进烹饪方法，满足不同年龄段的需要。管理人员也能及时抓住进餐时机将园内各岗位工作尽收眼底，如保健工作是否做到位，厨房工作是否细致周到，班上教师进餐护理是否细致，教育是否得当，等等。无疑，这些都为园所各项管理制度的出台及管理方式方法的调整提供了有力的依据。

针对教师、保育员不适应这种进餐模式的问题，第一，要求保教人员要积极转变教育观念，从发展幼儿的角度着想，认真研究解决问题的方式方法；第二，针对幼儿下楼的关键部位安排人员站岗，不断提示幼儿注意安全；第三，加强对幼儿的自我保护教育，提高幼儿的自我保护意识；第四，教育幼儿洗手后就不要乱摸其他的东西了，并加大楼梯扶手的消毒，防止幼儿洗手后的二次污染。最终，我们通过教科研有效地解决了公共餐厅的问题。

2. 新课程该如何配备新的保教人员组成模式

一幼实验园尝试探索双语整合的课程模式，在这个新模式里保教人员配备很重要。现在各园的"两教一保"（两位教师、一位保育员）的人员配备模式就很难满足双语整合课程实施的需要。因为，无论是英语教师带班还是汉语教师带班，都需要一个既懂幼教又懂英语的助手，这位助手一方面能协助两位教师创设语言环境；另一方面还能满足分组教学的需求：在一组孩子去上外教活动时，另一组孩子就在助教的带领下参与丰富的五大领域教育活动。为此，问题产生了：面对新课程该如何配备新的保教人员？

经过研究，我们摸索出了一套"两教一助"的班级人员组成模式。

人员组成：各班不设保育员，每个班配三位教师，分别是英语教师、汉语教师和助理教师。

具体的工作安排和职责：汉语教师和英语教师各带半天班，汉语教师上班时以汉语为主，英语为辅；英语教师上班时以英语为主，汉语为辅。助理教师在英语教师上班时协助创设英语教育环境，在汉语教师上班时协助创设汉语教育环境，同时在班级环境创设、幼儿生活护理、个别幼儿教育等方面与主班教师进行配合。有班级卫生工作方面，我们一方面通过公共餐厅制度减轻了班级卫生消毒工作的压力；另一方面在每个楼层配备保洁员，把班上主要的卫生工作承担起来，助教更多的是起维护环境卫生的作用。

"两教一助"人员模式对园所发展的作用："两教一助"制度的实施，增强了班上的师资力量，也使助教从保洁工作中解脱出来，从而有更多的精力支持和配合教师的工作，无疑提高了教育质量。同时，教师和助教共同承担保育和教育任务，从而在真正意义上实现保教合一。

在以后的教科研实践中，我们长时间、多次、深入、细致地进行研究，重点是"一保""一助"的差别是什么？"一助"的优势是什么？

首先，助教提升了园所特色课程的实施效果。由于助教是具有学前教育专业的大专以上学历的年轻教师，她们在专业知识方面具有相当的基础，因此，来到班级之后，每个孩子接触到专业教师的机会都会增长。尤其是在语言环境方面，助教在主班教师和外教的影响下一般都具备相当的英语口语能力，无论是汉语教师带班还是英语教师带班时，助理教师都能帮助教师给孩子营造一个有质量的语言环境，从而帮助孩子更好地习得语言。同时，由于助教具备幼教基础，可以组织孩子的集体教育活动，这样就能在集体活动中对孩子实施分组教育，提高每一个活动的教学效果。另外，一幼的双语整合教育是在主题教育的背景下开展的，助教由于有专业基础，所以能够和主班教师一起带领孩子开展主题探究活动、创设班级主题环境，为孩子投放适宜的游戏材料，极大地丰富了班级的教育环境。

其次，助教促进了班级保教工作质量的提高。由于没有保育员，助教和教师需要共同制订本班的生活活动培养计划，在孩子的生活活动中融入教育，又在主题教育活动中融入了生活培养的重点，三位教师齐心协力让孩子在生活中学会独立。助理教师还有一个重要作用是协助主班教师照顾好个别孩子，如生活能力弱的孩子、生长发育出现问题的孩子、五大领域发展不均衡的孩子等，在助理教师的积极干预下，幼儿园每年孩子的体格体能发展测评都能有近乎100%的达标率。

最后，"两教一助"制度在客观上促进了园所教师队伍的发展。实验园是双语园，需要具有双语特长的教师。这些教师既要懂幼教，又要能讲双语，这么高的要求，新毕业的大学生是很难达到的。而助教岗位就如同一个新兵培养站一样，让年轻的新教师在这个岗位上学会观察护理孩子、观摩成熟教师带班、向外教学习英语口语等，当她们一旦有机会走上教师岗位，就会变得技能娴熟、特长突出，从而胜任双语教师的工作。几年来，实验园通过这种方式已经先后培养了多位具有带班技能的英语教师和多位幼教主班教师。

就像该园一名由助教岗成长起来的英语教研组长说的那样："助教一方面起着连接中英双语教学整合的纽带作用，另一方面也是园领导为年轻教师创设学习机会搭建的一个快速成长的平台。像青涩的苹果吸收了大自然的阳光雨露后成为一颗真正的果实，在助教岗工作的三年是我逐渐成长、成熟的三年，对我的职业发展有着重要作用。"

3. "循环区域"幼儿活动模式

"循环区域"幼儿活动模式用于一幼魏家分园。这种模式的产生其背景是：幼儿园活动室空间狭小，如何在这小空间里让幼儿获得全面的发展？而且魏家园是吉祥园的小班部，如何让小班幼儿在区域游戏中快乐发展？这些都是我们要重点研究的问题。

由于魏家分园班级活动区与户外游戏区面积狭小，以班级为单位的区域游戏空间显得很局促不能满足幼儿游戏需要。而3~4岁的小班幼儿正处于直觉思维阶段，区域游戏活动是落实小班游戏化一日生活要求的重要途径。

因为区域游戏活动不仅能够充分发挥幼儿学习主动性，帮助幼儿在与材料的互动中和与同伴的游戏中获得感知认知经验，而且是幼儿学习能力、意志品质以及社会交往能力得以发展的重要契机。因此，带着如何利用有限的空间充分让幼儿活动起来这个难题，我们探索出"小班循环区"这一活动形式。

"小班循环区"是通过循环区域活动将小空间最大化合理利用。即结合园所实际与小班幼儿年龄特点及发展需要，将小院中的五个活动室整合利用，创设出表演区、美工区、科学区、益智区、娃娃家、小超市、建筑区、图书区八个游戏活动区。每当区域游戏活动时间，八个活动区同时开放，四个小班幼儿打破班级界限，采用循环游戏的方式进行活动，幼儿可以根据自己的兴趣爱好、发展类型、优势区域等进行自主选择。既充分利用了场地资源，又满足了幼儿的需求。幼儿在区域活动中表现出浓厚的兴趣，幼儿的创造性思维得到很好的培养，自主性得到更大的发挥。

室内游戏"三步走"。我们本着区域活动开放性原则，鼓励幼儿走出去；本着丰富性原则，班级承包区域材料投放；本着教育性原则，教师蹲班指导；本着游戏性原则，创设宽松愉悦环境。小班幼儿从家来到幼儿园参与到循环区活动中进行高质量的自主游戏需要一个过程，我们通过"集体—分组—自由"三步逐步实现幼儿自主选择主动游戏。

第一步，整体班级轮流制，即四个小班在一周的时间里，依次轮流进入五个教室进行活动，这样既能满足小班幼儿适应新环境较慢、胆怯的特点；又能让幼儿在本班教师的带领下，熟悉新材料，为今后幼儿自主地选择区域打下了基础。

第二步，分组交换制，即在幼儿熟悉环境、材料之后，还是以班级为单位分成两组，在本班教师的带领下分组参与到区域游戏当中，一来有本班教师的陪伴，在新环境中与新同伴一起游戏。二来增加进入区域的选择范围，满足幼儿对区域活动的需要。

第三步，幼儿自由选区制，即幼儿在每天的早饭后，自主选择区域标志牌，自由选择各个教室的区域活动，自由自主地进行活动。在"放"的过程中，采取集中、小组、个别等不同形式使每一名幼儿都有自己的想法，以饱满的热情、积极的心态进入活动中。

第五章 对幼儿园的团队领导

第一节 对教师团队的领导

一、明确队伍发展的目标：为队伍成长搭建发展的平台

"先人后事"的管理内涵，不仅要管理好人、调动好人，更要培养好人、发展好人。师资队伍建设，是"先人"的一种体现。"先人"的意义不仅在于选人、用人，更在于育人。育人是"先人"理念的本质体现。

教育是一个庞大系统的社会工程，起着传承人类文明、继承民族文化、促进社会发展进步的作用，肩负着育人育才的重任。这就给从事教育工作的教师队伍提出了更高的标准，而在这系统的教育工程中幼儿教育是整个体系的重要组成部分，就一个国家、一个民族而言教育是基础，而幼教则是基础的基础，是整个教育工程体系中的奠基石。幼儿园是学前教育的重要场所，是幼儿接受正规教育的起始阶段，因此学前教师的素质和能力尤为重要。培养什么样的幼儿教师，关系到培养什么样的幼儿。作为园长如何将这支队伍的成员培养、打造成为幼教方面的行家里手，是一项长期而又艰巨，需亲力亲为的重任。

造就一名优秀的幼儿园管理人员或教师，幼儿园负有重要的责任。"爱才"不能只是一种美好的愿望或一句空话，它体现在幼儿园一系列发展人才的意识和举措上。

为此，我在一幼培养人、发展人、成就人的各项举措中始终坚持"育人为本"的教育思想，把教育与人的幸福、人的价值、人的尊严、人的需要、人的全面发展和人的终身发展有机联系起来，以现代人的精神塑造

人,以全面发展的广阔视野培养人。

队伍是人才兴园的基础。为孩子的快乐人生奠基依赖于一支优秀的、追求卓越的教职工队伍。一幼要成为培养优秀干部、优秀教师及教职员工的摇篮,这是我们始终追求的目标。"九五"至"十二五"期间,为夯实人才培养基础,我们分别制定了《一幼队伍建设发展规划》及相关配套制度和保障措施,并提出了"一个都不能掉队"的整体设想。例如,《一幼"十二五"队伍发展规划》中对以下几个方面做了明确规定。

指导思想。以学前教育《规程》《纲要》《指南》为行动纲领,以"为幼儿快乐的人生奠基"为根本,以全面提升教育质量、办人民满意的幼儿园为目标,以提高干部、教职工的专业化水平为重点,认真贯彻《关于当前发展学前教育的若干意见》,落实《东城区教育人才发展战略的意见》,解放思想,更新观念,努力培养一支高素质、高水平的干部、教职工队伍,促进幼儿园可持续发展。

培养思路。我们从东城区在实现首都教育现代化走在前列的目标和推进幼教改革的高度,深刻认识队伍建设的重要性和紧迫性,根据队伍发展需求,坚持从大人才观、大环境观、大发展观出发,确立符合一幼实际的队伍建设基本思路,即坚持科学、民主的管理原则,逐步建立激励教职工充分发挥主体积极性的灵活管理机制;以培养和打造未来几年优秀的干部、教职工队伍为基本方向,以提高教师从教育理念到教育行为的转化过程为重点;树立终身教育、终身学习的观念,充分发挥干部、教职工的主动性、创造性,为队伍成长搭建平台;以教育科学研究(行动研究)为抓手,以研究解决教育实践中的实际问题为重点,采取有效方式,在过程中以理论学习促实践研究,以实践研究促观念和行为的转变;培养一支学习型、研究型、创新型且素质优良、结构合理的干部、教师队伍,使队伍成长和幼儿园发展协调同步、相互促进,把幼儿园办成充满活力的、民主的、开放的人文校园。

教师培养注重两个层面:一是骨干教师的培养。一流的幼儿园需要有一流的教师队伍,名园要由名师支撑,再整齐的教师群体也必须有自己的带头人,没有带头人的群体,必然会产生可怕的群体惰性,使整个队伍走向平庸。骨干教师在一个教研组、一所幼儿园具有领衔和示范的作用,她们的教学水平往往代表一个幼儿园或一个学科的教学水准。同时，骨干教师的存在会为其他教师提供新的工作参照目标，使一些得过且过的教师产生巨大的心理压力并进而奋起直追，从而带动整个教师队伍的发展和提高。因此，名园要成为培养骨干教师的摇篮，要出名师、出优秀的教师，要积极创设环境，搭建平台，实现干部、教师的自我超越、自我发展、自我完善，形成独特的管理、教育风格。二是青年教师的培养。青年教师的培养关系着一所幼儿园的可持续性发展。没有一支强有力的青年教师队伍，幼儿园的发展就没有后劲，青年教师的发展是幼儿园发展的希望。

培养措施。通过建立成长激励机制，调动教师自我成长的内驱力；通过采取"首席教师"授课制和"骨干教师帮带制"等，充分发挥骨干教师的优势；开展师徒结对活动，在教育实践中，实现共同提高。针对教师年轻化、高学历、多元化的特点，实行"教学研"一体化的园本培训，建立起全园参与的学习型团队，有效促进了园内不同层次教师专业化水平的提高。

二、夯实名园品牌：名园一定要出名师

幼儿园因有名师而闻于世，名师因处名园而显名气。名师之所以出名，不是通过广告宣传产生的，而是说明他的教育、培养的人才得到了社会的认可和赞同。园所由于名师的存在，不仅其教学质量得到保证，而且还因为名师本身的吸引力吸引家长把孩子送到园里，从而进一步提高了幼儿园的品牌。另外，名师也起到了榜样的作用，带动和产生了更多的教师加入名师的队伍，实现园内的资源共享、经验共享。

诚然，名师并不是一蹴而就、自然而然形成的，名师诞生于优秀的教师中间，但同样需要幼儿园的培养。除了教师自身不断努力、积极进取的内因外，园所也要为教师们创造更好的环境和条件，并且通过各种方式，提高教师的素养。这些素养包括道德品质、教学能力、学习能力、自信等。

名园要出名师，这是我们始终追求的目标。在教师整体优化的基础上，依据人才标准积极培养市、区、园骨干教师，搭建展示平台，给这些骨干教师提供充分的自我超越、自我发展、自我完善的机会，使她们形成

自己独特的教育风格。我们在以下几个方面努力，为打造骨干教师创造条件。

（一）实力才是硬道理：练好"内功"

"学如弓弩，才如箭镞。识以领之，方能中鹄。"这句话的意思是讲：学问的根基如弓，人的才能如箭，真知灼见（学识）引导箭头射出，才能命中目标。比喻没有学问，才能不能发挥，没有学识指导人生，就没有正确的方向。习近平总书记曾引用这句话，激励当代广大青年应该通过优秀文化塑造精彩人生，积极主动参加健康有益的文化活动。处在信息快节奏时代的当下，"落后就要挨打"，不学习就会掉队，因此名师必须是一位出色的学者，通过学习，不断提升个人素质，开阔眼界，在学习中为自己的教育教学注入源头活水，补充新鲜血液。

在学习上，我们为骨干教师提供各类教育专著和各类教育期刊，并提出要坚持政治学习与业务学习相结合、集中学习与自己学习相结合、理论学习与实践学习相结合、通篇学习与重点学习相结合等原则，而且要结合有关学习的内容以专题的形式进行研讨。通过学习，使名师关注教育的发展、教育的改革、教育的实事，吸收他人成功的教学方法和经验，使教师在博览群书中丰富素养，为专业成长夯实基础。

我们还在教育科研上为骨干教师搭建飞翔的舞台，让他们在教育实践中挖掘新思维，开阔新思想，落实新行动，使教育活动成为教师提升教育教学艺术的"试验田"。好活动是练出来的，实践才能出真知。纵观名师的成长历程，大多是在活动中"磨"出来的。独到的教学技巧，新颖的教育观念，都是在教育活动实践中积累形成的。所以，园长在幼儿园的教学活动中，要加大对骨干教师的锻炼，从各项教育活动入手、做文章，使她们在长期的"摸爬滚打"中练好"内功"。

（二）科研做阶梯：且思且行做教育

我们都知道，当今世界的竞争是人才的竞争。人才的竞争归根结底是教育的竞争，因此，加强教育科研必然是推动教育改革与发展的需要。骨干教师的力量应该体现在师德修养与业务能力上。

考察任何一位优秀教师、名师乃至教育家，我们都不难发现，研究在教育生涯、教育实践中有着举足轻重、不可或缺的地位和作用。在很大程度上，是教科研丰富了他们的内涵，改变了他们行走方式，优化了他们的生命历程，使他们不断走上事业的高峰。基于这些认识，我们在打造名师之路中，主要以"教科研"为主导，具体做法包括以下几个方面。

一是选苗、护苗。选拔、确定骨干教师人选，制定其发展目标及阶段性的发展要求，结合园本课题及个人的优势确定研究的方向。如一幼本园的蔡涛教师、郭琛教师艺术功底深厚，在艺术活动设计、组织方面体现出一定灵感与天赋，我们将其作为打造重点，对其进行针对性的培养规划，使其顺利完成了园骨、区骨、市骨的平稳推进，并成为有一定影响力的市骨干教师。

二是营养、施肥。创造一切条件，让骨干教师参与学习、研究、交流和观摩活动，夯实其成为"名师"的理论和实践基础。一幼实验园邓蕊教师以自身乐学、善思的品质在幼儿园语言活动组织方面突显优势，我们在肯定教师自我发展的基础上给予广泛学习与交流的机会，并通过对外开放为其搭建展示平台，使邓蕊教师理论、实践齐头并进，不断突破自我，奠定名师基础。

三是催化、结果。为骨干教师的成名成才搭建平台，帮助其在本领域保持前沿领先地位，鼓励教师们在实践—反思—再实践的过程中，教育水平呈螺旋式上升，并叙之以文得出实践的真知，促进其在某一领域的工作和研究中有创新的构想和较深的造诣，达到自身提高、学术领域发展、带动同伴等多层目标，努力使自己成长为一名真正的教科研型、专家型的优秀教师、名师，如研究小班综合游戏活动的迟芳教师，研究综合艺术活动的蔡涛教师、郭琛教师，研究语言创新活动的邓蕊教师，研究双语教学活动的梁静教师、邓小红教师，等等。她们在教科研实践的过程中，积累经验，提高能力，开阔视野，取得成绩。一幼多名骨干教师在每次的市、区教科研交流、汇报中独占一席之地，多元展示、分享的机会考验她们的成长，多次表彰、嘉奖的舞台肯定她们的发展，这些都激励她们向着更高目标前进，实现自我的发展。

（三）联动研究：促进团队共同成长

名园出名师，首先要把名师的地盘做大，建设一支研究型教师团队。

因此，我们建立了教师对话机制，让不同类型、不同层面的教师交流起来的"联动研究"概念，就是在不同的研究项目中，鼓励教师采用多样的合作模式，分享研究经验。

1. 平行班的对比研究

平行班教师选择一样的素材内容设计活动，适用于教育活动中教育策略的对比研究。

2. 师徒之间的帮带研究

师徒选择同样的题材，联袂做活动，适用于调动年轻教师参与研究的积极性，促进不同层级教师之间的互动和分享。

3. 承上启下的问题研究

在同一题材内容的研究中，下一位做活动教师吸取上一位教师活动设计的优点，同时尝试解决上一位教师没有解决的问题，这样螺旋式上升，用"接力棒"的方法解决园本研究中的共性难点问题。

4. 专栏式的分享研究

在教师的分享专栏中，把教师每周研究的收获、心得展示出来，与同伴分享。

5. 以班级为单位的主题研究

各班级的三位保教人员共同申报研究题目，共同制订研究计划，共同开展研究，共同分享研究成果。

6. 以岗位技能为核心的研究

同一岗位的教师开展的专项技能的培训研究，例如，班级环境创设，各领域的集体教学活动，区域活动的指导，户外活动的组织，生活环节的照顾等。

（四）反思感悟：形成螺旋式上升

在教科研的带动下，一幼的教师们在课程实践中不断反思感悟，总结提炼出一些新的教育观念，并将其转化为新的教育行为，促进其专业化水平形成螺旋式上升。

"艺术活动多起点。"兴趣不同，切入点不同；需要不同，帮助程度不同；发展水平不同，教育起点不同。幼儿是发展中的个体，他们有着差异性、特殊性，因此作为教师应该作为活动的引导者、支持者，因材施教，帮助不同层次的幼儿成为艺术活动的主人。现代教育观点认为：艺术活动的根本目的不是让幼儿去掌握技能技巧或已有的经验和现成的结论，而是要引导他们理解学习过程，掌握学习方法，学会怎样学习。在艺术活动中，教师们通过支持、鼓励、引导，把孩子带入未知领域，激发孩子的艺术兴趣，引发孩子对艺术的思考，让孩子在艺术活动中去实践、去发现真理所在。观察、了解每个幼儿的发展水平，制订适宜的教育方案，是对教师教育能力的考验和锻炼。一位教师讲述了这样一个案例。

"在欣赏艺术活动时，我带领本班（中班）幼儿参观了大班哥哥姐姐绘画的京剧脸谱。参观后，小朋友们也一致要求要画脸谱。当时，我既高兴又为难：高兴的是此次欣赏活动达到目的，激发了幼儿学习民间艺术的兴趣；为难的是我们班幼儿还小，绘画能力有限，完不成作品，会伤害一些幼儿的自尊心；如不开展此项活动，又会打击幼儿学习的积极性。怎么办呢？为此，我根据对本班幼儿绘画水平进行实际的分析，分出几个层次制定了活动计划：

"A. 请幼儿自己创意，自己绘画，教师只是鼓励和支持；

"B. 教师画好脸谱一侧的纹线，请幼儿学习画另一侧纹线；（因为幼儿知道脸谱两侧是对称的）

"C. 教师把脸谱上纹线的路线，都用阿拉伯数字标好，让幼儿用连线的办法把纹线画出来；

"D. 教师画好纹线请幼儿涂色。

"根据以上目标，我结合幼儿的不同需要，设计了适宜的活动计划，收到了很好的活动效果，每个幼儿都得到创造成功的条件和机会，每个幼儿都在实践中感受到了成功的喜悦。"

"艺术表现无对错。"孩子有孩子的观察角度和行为方式，是不存在对错的。孩子说"太阳是黑的"，可能当时是戴着墨镜看的；说"爸爸和天一样高"，可能是当时仰着头看的。艺术表现也是这样，视觉不同，兴趣不同，认知也会不同。尤其是处在心智发育初始阶段的幼儿，一切皆是童心童趣的体现，绝不能以成人的对错观去评判。在艺术教育活动中，我们始终坚持孩子的艺术表现没有对错之分的原则。

例如，一次教师和孩子们一起欣赏《天鹅湖》中的一段插曲，音乐开始部分旋律优美、舒缓，后来紧张、压抑，最后逐渐安静。这段曲子的内容是公主在后花园散步，魔鬼进到花园中，经过搏斗把公主抓走，后花园又恢复了平静。欣赏后，教师请幼儿根据自己的感知感受去理解音乐，结果，幼儿讲得五花八门：有的说是小动物们在花园里游戏，后来被大老虎发现了；有的说是日本鬼子进村了，很多老百姓都被杀害了；还有的幼儿想到了《泰坦尼克号》，觉得音乐的前半部分是轮船在大海里行驶，后半部分是撞到了冰山上，最后是轮船沉没，大海安静了。虽然孩子们没有讲出音乐本身的内容，但他们的感知感受和音乐是非常吻合的，教师充分肯定了幼儿的想象和创造。因为教师明确地认识到，幼儿对音乐的理解是没有错的。至于音乐的真正内容，教师也是一个参与者通过自身的讲述与幼儿交流。结果并不重要，关键是过程，是幼儿的感知感受。

又如，在一次绘画活动中，一位小朋友交来一幅图画：蓝蓝的天，白白的云，天上飞着一只粉色的燕子。天上什么时候飞着粉色的燕子啊？如果我们不懂就会对孩子说：给你一张纸重画一遍吧。但你静静地听孩子讲：蓝蓝的天，白白的云，天上飞着一只粉色的燕子多好看啊！孩子是把色彩放在一起了，蓝、白、粉三种颜色多好看啊。这是孩子对天空的一种想象，如果否定了孩子的这幅画，就是否定了孩子的想象。

再如，一幼实验园教师在双语活动实践中感悟出的崭新语言教育思想理念。

（1）"小环节，大教育。"把握一日十三个生活过渡环节语言教育契机，利用零星的时间为幼儿语言发展创设丰富、有趣的主题谈话环境。如"憨豆先生"成为孩子们谈论的热点；再如"笑笑吧"，讲一个最新听到的笑话与伙伴分享。在教师的鼓励下，孩子们还尝试仿编笑话，他们不仅编出了"骄傲的长颈鹿""变不出来"等中文笑话，还编出了"给你Peach"（给你一个桃子）、"I love three"（我喜欢三）等中英交杂的笑话，增强了幽默的语言经验，享受着语言带给自己和身边人的快乐。

（2）"想说、敢说、会说。"想说是兴趣，敢说是态度，会说是能力，这不正是我们培养的目标及幼儿发展的目标吗?！如挖掘一日生活中的讲述题材；利用"芭比娃娃""下雪了""机器人""动物讲解员"等帮助幼儿学会讲话有条理；利用"我的小帽子""好吃的水果""课间十分钟"等活动帮助幼儿学会讲话有重点；利用"玩具推销员""身边的宠物""我的动画朋友"帮助孩子们把身边的人、景、物，讲得更生动有趣；利用"弯弯曲曲的小路""小蛋壳""变来变去的线""有趣的声音""百变熊猫"等活动帮助幼儿展开想象的翅膀，伴随着思维的多变而讲出不一样的精彩！

例如，为了让幼儿在与游戏材料互动时获得更多说的机会，教师们围绕着每一个语言领域的目标，精心设计了大量的语言区材料。如利用钱包可折叠的特点，将绘制的卡片缩小后放进自制可折叠的透明夹子里，一层层打开后就变成了一个故事钱包。就这样，孩子们可以自选喜欢的图画，插进每层夹子里，编讲属于自己的故事。

三、尊重个体差异，实施分层指导

教师由于工作时间、经验水平、能力发展是不一样的，因此在培养中不能采取"一刀切"的方法，要注意科学性、适宜性、针对性，只有这样才能促进不同层次教师的发展。根据一幼教师队伍的特点，我们将教师分成了基础、成熟、骨干等不同的层次，并在教科研及教育教学的指导中，体现对各层次教师的不同要求。

例如，在日常教育教学工作中，对骨干教师，注重培养其把握师生互动的能力（教育反思记录）；对成熟层的教师，重点提高他们自然转换环节、捕捉教育契机的能力（后置计划）；而对基础层的教师，则要求其具备独立组织幼儿一日活动的能力（预成计划）。

又如针对教科研工作，我们采取循序渐进、因人而异的研讨方式。如注意引导基础层教师对一些基本理论和表象进行研讨；帮助成熟层的教师挖掘教育行为中蕴含的教育理论和教育规律；鼓励骨干层的教师在实践—反思—再实践的过程中，教育水平呈螺旋式上升。如在环境创设的研讨中，基础层的教师应讨论如何根据主题创设相应的环境，成熟层教师应研究环境创设中儿童的参与性，骨干教师应研究如何挖掘环境中的教育价值，实现幼儿与环境深层次的互动，等等。

再如选择课题研究，我们引领基础层教师以参加园内课题为主，重点引导他们了解科研活动的一般过程，有参与科研活动的意识；帮助成熟层的教师，为他们提供参与市、区课题研究的机会，使他们能积极投入到科研活动之中，并取得初步成果；支持骨干教师能独立承担市、区课题，并通过请专家进行一对一的指导、参加高层次互动式培训等，使他们在研究中出经验、出成果，逐步成为研究型教师。

四、骨干教师帮带制，激励师徒结对共同发展

采取"骨干教师帮带制"的目的是保证骨干教师后续梯队的形成，充分发挥骨干教师的优势，开展师徒结对活动，注重实效，每学期制订帮带计划，并在全园进行"对对红"评比表彰活动。

在整个教师的队伍里年轻教师的比重比较大，年轻教师经验少，在工作中会出现各种问题，但是她们有热情，头脑灵活，善于接受新生事物，是幼儿园发展的生力军。培养年轻教师是幼儿园一项重要的工作。如果只靠园长或园干部带青年教师，力量是远远不够的，因此，每个有经验的教师都应该承担起帮助青年教师的职责。也就是说，要在幼儿园建立老教师带青年教师的机制，让青年教师能够迅速地成长起来。

我们的方式是手拉手、结对子。年轻教师来园三年之内是最关键的时期，必须由骨干教师、有经验的教师来带。在我们的人员聘用制度中明确提出：新教师来园三年内不参加岗位竞聘，由园里派骨干教师带领、指导。而且，在教师评价标准中也明确提出：给指导教师加分。

五、观摩交流自荐制，激励教师变被动发展为主动发展

1."星级制"，促教师自主发展

"星级制"是指各岗位人员在本岗的等级，星级与工资等级挂钩。"星级制"的实施，其重点是打破了过去限年龄、限职称、限名额的传统做法，对青年教师采取"自荐自报"的方式，鼓励他们脱颖而出。各岗人员可以根据评选条件和本人实际水平、能力自行申报，最后经民主评议，由考评小组认定其星级，每学年认定一次，形成动态的激励机制。

2. 平等竞争，自主申报

一幼在大锅饭时，观摩、接待、课题研究、示范活动等总是几位教师的事，大部分人事不关己，高高挂起。其原因有三点：一是教师不主动，多一事不如少一事；二是领导不放心，不敢把任务下达下去；三是园里教师比较多，不能一一轮过来。为此，我们制定了"自主申报"的措施，意思是对园里的大活动，如示范观摩、对外开放、承担课题等任务，由教师自行申报，申报人按要求提出实施方案，经园领导审核批准后，得以实施。而且，这项措施与评价标准相结合，每完成一次任务都要加分，最后总分数与工资等级挂钩。这一做法既调动了全体教师的积极性和主动性，也使每位教师都有平等竞争的机会，为大家更好地发挥个性和展示才华创造了条件。

建立对干部、教职工没有封顶的成长激励机制，激活了幼儿园内部管理，提高教师参与教科研的积极性，使评价重在过程，旨在提高，促进不同教师群体向更高层次发展，全园上下比团结、比业绩、比贡献、你追我赶，蔚然成风。

六、给教师以"渔"：一幼的"育人十法"

古人云："授人以鱼，不如授人以渔。"该观点强调的不仅是注重过程与方法，更注重给"鱼"的方式。我们为教师搭设成长的舞台，创设飞翔的平台，使他们在有限的岗位中，发挥自己无限的潜能。因此，在分析园所实际的基础上，我提出"育人十法"，创设教师成长的环境。

（一）以良好师德塑造人

著名教育学家陶行知先生曾说过："因为道德是做人的根本。根本一坏，纵然你有一些学问和本领，也无甚用处。并且没有道德的人，学问和本领愈大，就能为非作恶愈大。"育人先育德，因此我常说："幼儿教师的职业道德建设与其他行业相比显得尤为重要，必须把它作为队伍建设的重中之重来抓。"

我们要求一幼的教师不仅衣着、言谈、举止等要符合幼儿教师优雅、活泼、朴素、大方的身份要求，而且更注重教师内在优秀品质的修炼。在一幼提倡"四字精神":在对幼儿全面负责上,突出一个"爱"字;在工作态度上,讲求一个"勤"字;在保教工作上,要求一个"精"字;在教育改革上,体现一个"新"字。大家努力按照"四字精神"去做,涌现出一批批师德高尚、作风优良、工作业绩突出的教职工。一幼每年都要进行"师德标兵""岗位能手""师徒对对红"等评优、评先工作,全园上下形成园荣我荣、园辱我耻、爱岗敬业、无私奉献、积极向上的良好园风。

(二)以先进观念引导人

越是在改革尖锐的时期,人们的思想越容易混乱,越容易出现问题。因此,要及时帮助教职工进行思想梳理与引导,把思想、观念引入到正确的轨道上来。我们充分利用政治、业务学习时间组织大家进行现代教育理论、先进教育思想、幼教规程、相关法律法规等的学习,同时鼓励大家结合自身实际展开研讨。例如,为什么要进行改革?21世纪一幼该如何发展?你心目中好教师的标准是什么?同时,我们积极采取请进来走出去的方法广泛参观学习。这些先进思想的注入,使教职工的思想观念发生了深刻的变化,进而带来思想的飞跃、行为的转变。

(三)以岗位职责规范人

在队伍培养过程中既要重视观念的转变,也要注重制度的建立。因为观念是"应当",是对人行为的软约束,制度作为人们共同遵守的办事规范或行动准则,是"必须",是对人行为的硬约束。幼儿园的规章制度是幼儿园内部之"法",在制度面前讲究人人平等,依据制度必将有章可循,有法可依。一幼制定一系列内部管理制度,这些制度是全体教职工共同参与制定的,其特点是规范、具体、明确,既符合实际,操作性强,又便于大家理解、执行,便于相互检查、相互监督。在日常工作中每个人都能用制度去规范要求自己。久而久之,这些制度在全体教职工心中达成一种共识,在共同遵守、相互制约、相互影响下,形成一种自觉的行为。

(四)以教育科研提高人

我们把"国力竞争看人才,人才竞争看教育,教育竞争看教师整体素质,而教师整体素质的提高靠教科研"作为座右铭,始终把教科研当成是提高教育质量的指路灯、施教的基石。"九五"至"十二五"期间,一幼始终坚持参与、承担国家、市、区级的课题研究,并把提高教师整体素质纳入重点研究的内容。我们的目标是促进干部、教师逐步从经验型转变为研究型。具体做法有以下几种。

1. 实行园领导干部"脱产不脱研"制度

园长亲自主持课题,中层干部每人均牵挂课题。在研究中干部深入实践,了解、掌握第一手资料,为教师提供有效的支持与帮助。干部参加教科研,不仅能以自身的优势资源带动队伍的发展,而且也能增进干群关系,进一步赢得教师的信任,促进自身专业水平的提高。

2. 采用多种方法和策略激发教师参与研究的主动性

以前,教师们参加课题研究总有一种抵触情绪,源于教师没有感受到自我价值的实现和成功的体验。为此,在人事制度改革中,特别是在分配制度方面,对参与教科研的教师实施倾斜政策;创设充分体验的研究机会和研究空间,让每一位教师都有机会参与课题的研究;为教师创设品味成功的机会与条件,激发内在的研究动机。

3. 加强研究性学习,引导教师反思

在研究中我们尝试通过参与式培训、教师间的研究资源、研究成果放到教育实践中去检验的方式,逐步引导教师学会反思,善于反思,乐于反思,在反思中成长。

通过课题的研究,教师们撰写了大量的论文、报告和经验总结,其中多篇文章获得发表,多篇论文赢得市、区嘉奖。"以科研提高人"已成为一幼工作的一种定式。

(五)以制度改革激励人

实施人才战略,制度建设是关键,只有建立健全人事保障机制,优化人才资源配置,才能为队伍的发展奠定基础。

2000年9月幼儿园结合实际情况,在定编、定岗、定职、定薪的前提下,实行全园聘用合同制,重点解决在本园工作能进能出的问题,对全体人员实行公开聘任,竞争上岗。在聘用中坚持公开平等、按编制聘用、竞争择优、层层聘用的原则;幼儿园与教职工按照国家有关法律、法规,在平等自愿、协商一致的基础上,通过签订聘用合同,确定幼儿园和个人的人事关系,实现用人上的公开、公平、公正,促进幼儿园自主用人,保障教职工自主择业,维护幼儿园和教职工双方的合法权益。

贯彻按劳分配与按生产要素分配、效率优先、兼顾公平的分配原则,扩大园内分配自主权,建立重业绩、重贡献,向优秀人才和关键岗位倾斜,建立竞争、激励、自主的分配制度——岗位等级工资制。在分配中坚持资金统一使用、二次分配,多劳多得、优质优酬,人随岗动、薪随岗调的原则。全园实行聘用合同制,建立了有竞争、激励机制的分配制度,极大地调动了全体教职工的积极性。大家都为自己确立了更高更新的标准,这些标准转化为行动的准绳,自觉工作的人多了,努力提高自身素质的人多了,爱岗敬业的人自然就多了。

(六) 以园所特色成就人

"特色"是幼儿园发展的基础和关键。一幼在发展好办园特色的同时,还注意充分利用特色、成就、发展,推出一批新人。我们提出的口号是:园所有特色、教师有专长、幼儿有兴趣。在这一思想指引下,每位教师在全面发展的基础上,均在自己的专长上进行了更广泛、更深入的研究。

例如,本园艺术教育特色。经过教师们的潜心研究、大胆实践,对幼儿的艺术活动有了新的感悟,即"艺术活动多起点""艺术表现无对错""还给幼儿自由、自主的艺术空间"等,这既是教育的口号,更是教育思想和理念的体现。通过研究教师们撰写的多篇艺术教育论文在市、区获奖、发表;通过深造教师们的艺术才华芬芳吐艳,在全区学前系统"技能技巧"综合评比中,一幼多名教师获奖;在教育工会组织的舞蹈、合唱、演讲比赛中,一幼多次获一、二等奖;多名教师被评为市、区骨干教师。

又如,实验园"汉英整合"双语教育特色。教师们在双语方面研究出一套很有新意的幼儿双语教材,形成园本课程;并有多篇论文获奖、发表;每年幼儿在参加全国英语大赛时都会有多名幼儿获全国双语小童星奖,幼儿英语剧多次获北京市幼儿英语剧一等奖。园所的特色呼唤着教师的成长,也成就了教师的发展。

(七) 以和谐环境稳定人

一幼五个机构200多名教职工,大家每天朝夕相处,关系十分融洽,很多人讲："在一幼工作不图挣多少钱，图的是舒心、高兴。"一幼队伍建设的基本思路和发展的布局，充分体现了要为教职工创设一个宽松、和谐的人文环境。这种环境体现在：建立友好的干群关系，鼓励大家参政、议政，化解工作中的各种矛盾，树立良好的园风等。全园200多名教职工中有1/3是编外人员，但我们没有丝毫的歧视态度，而是充分发挥所有人的积极性，提供同样的发展空间。例如，实行同岗同酬；组织编内外党员、团员、积极分子等开展活动，鼓励、支持平等竞聘工会、团支部、班组长等园干部的职位，享受专家、顾问辅导，共享教育信息资料库，确保继续教育资金与时间。同时，我们还为教职工解决子女入托、入校的后顾之忧等。

总之，在这种氛围中，大家都能以饱满的精神、愉快的心情、积极的态度投入工作，不断为一幼发展开创新局面。

（八）以骨干力量带动人

名园要出名师，这始终是我追求的培养目标。名师、骨干教师在园里重点起到两方面的作用，一是带动作用。培养名师、骨干教师的目的不仅是为了出人才，出教育尖子，更主要的是通过名师、骨干带动周边的人，促进教育质量的提升。二是名师、骨干教师的水平代表了园所的水平。几年来，我们充分发挥市、区、园骨干教师的辐射作用，形成"以点带面"的发展格局，使一幼教师队伍发展持续良性循环。例如，首席教师授课制，每学期由骨干教师授课，定期给全体教师做指导，促进教师专业化水平的提升。骨干教师帮带制，充分发挥骨干教师的优势，开展师徒结对活动，并进行"对对红"评比表彰，促进骨干教师后续梯队的形成，结对的师徒每学期都要结合自身实际制订帮带计划，并通过工作实践切磋，共同提高教育认识，形成教育理念，转化为教育行为。

（九）以名园品牌凝聚人

一幼是北京市一级一类幼儿园，北京市市级示范幼儿园。在这块牌子下我们提出的口号是：今日你以一幼为荣，明日一幼以你为荣。字不多，话不长，但意义深远，凝聚着教师、家长、孩子们的共同希望。我们曾经组织大家进行"是砸一幼牌子，还是保一幼牌子"的讨论，结论非常一致，不仅要保这块牌子，而且还要发展这块牌子，让这块牌子发扬光大。在品牌的感召下全园人的凝聚力、向心力增强了，既达成了"园荣我荣，园辱我耻"的共识，也树立了"我与一幼同发展，一幼的明天更美好"的共同愿景。

（十）以事业发展影响人

一幼的发展影响、激励着每一位教职工。大家在不同的岗位，从不同的角度审视着自己，寻找着自己与幼儿园发展相匹配的定位。一位教师说得好：我不可能改变幼儿园的发展，但我可以改变自己适应幼儿园的发展。

在幼儿园的发展过程中，园长的影响力起着重要的作用。特别是在队伍建设中，园长要当好带头人，要用自身的表率去感染、带动大家。多年的实践，使我深深体会到：园长的影响力并不体现在依靠权力上，而是要凭园长自身的德、才、学、识，包括园长的为人、作风、经验和实际工作能力；园长不仅要用好权，而且要慎用权，尤其是不能搞特权，要具有自身的约束力，不谋求制度之外的任何个人利益。另外，园长还要有亲和力，不能把自己高高挂起，只有心里有职工，眼中有群众，才能让大家佩服、信赖，才能政通人和，带领大家创造性地开展工作，发展事业、发展人，而片面强调行政权力的作用，则往往会适得其反。

七、教师成长的案例

（一）我的第一离不开冯老师

今天的我，拥有着市级骨干教师、北京市优秀青年教师、全国优秀教育工作者、北京市人民教师等荣誉称号，是别人眼中的好老师。回首从事幼教工作的22年，我的成长与我所经历的每一个第一次分不开，它们是促使我不断坚定信念、走向成熟、实现梦想的重要转折。悉数着这每一个第一次，有一个身影始终相伴，让我突破与飞跃，成就今天的我，她就是亲爱的冯老师。

第一次走进一幼，冯老师让我感到我到家了。

记得当年班主任将分配到一幼的消息通知我时，同学们都用羡慕的眼光看着我，那一刻我的心情又兴奋又紧张：兴奋的是，我能分到在全市有着很高名望的一所优秀园所；紧张的是，不知道在这样的名园里园长是不是很严厉、刻板，教师们是不是都傲气十足，不好接触，自己是否具备驾驭能力来适应这里的方方面面……带着忐忑不安的心情我走进一幼。迎接我的是冯老师，作为园长的她丝毫没有架子，她亲切的话语至今让我记忆犹新："孩子，欢迎你成为我们一幼这个大家庭中的新成员，希望你在这里生活开心、学习用心、工作顺心！"第一次走上工作岗位的我顿时感受到一种到家的感觉。之后我听到冯老师最多的话就是："需要帮助尽管说。"多么和蔼可亲、善解人意的领导！我庆幸自己加入一幼大家庭，坚定自己耕耘在一幼的信念！

第一次带班，冯老师让我感到我不孤单。

第一次带班，陌生的环境、一双双新奇的眼睛，生性胆小的我怯场了，准备了好久的话通通不见了踪影。正当我手忙脚乱、孤独无助的时候，冯老师给我带来了师父，正是我所在班级的骨干教师，从日常环节、教育教学、师幼互动、随机指导、学习反思等方面手把手地开始带我。冯老师雪中送炭解了我的围，接下来冯老师的用心栽培让我开始迈出突破性的第一步。针对我不敢大声说话，冯老师推荐我担任园内大型文艺演出的主持工作，借此锻炼我敢于在众人面前大胆表现；针对我表达过程中语气平淡的不足，冯老师建议我采用照镜子讲故事的形式检查自己的表情语气是否到位；针对我一说话脸就红的毛病，冯老师经常组织教师们观摩我的活动……在冯老师的精心打造之下，我的进步连自己都感到吃惊。

第一次参赛，冯老师让我感到心态很重要。

2005年，我有幸代表东城区参加全市举行的首届教育教学实践的评选活动。至今我还清楚地记得比赛前夕，我们班因受手足口病波及，仅剩下十几名小朋友正常来园。面对这种我寄予期望的孩子都被隔离的现状，我开始茫然，打退堂鼓的念头油然而生。这时冯老师对我说了这样一番话："不要被眼前这小小的困难吓倒，何况这也不算是什么困难。保持良好的心态，不要有压力，发挥出自己平时最佳的水平，成绩的好坏是次要的，关键是要把握锻炼成长的机会，歌里不是总唱'不经历风雨，又怎见彩虹'嘛，大胆地向前冲，我对你充满了信心！"正是这几句肺腑之言使我从迷雾中找到了前进的方向重新振作起来。那次比赛我的《小鼓手》音乐活动得到了各位专家评委的一致好评,荣获"优秀教育活动"评选一等奖并作为获奖代表在颁奖大会上发言。当我站在颁奖台上的那一刻,我在想,如果没有冯老师的鼓励、开导与支持,今天我就不会站在这里。这次经历之后,我学会了调整心态,似乎没有什么事情再让我犯怵。

第一次谈话,冯老师让我感到要有追求。

那是一次语重心长的谈话,冯老师对我说"名园要出名师",鼓励我不能只满足于区级骨干教师,要自我超越、自我发展、自我完善,形成独特的教育风格。冯老师的一席话是敦促我不断进步的助推器,我开始思考自己的职业发展,跳出瓶颈。那次谈话之后,冯老师创造一切条件,让我参与学习、研究和交流活动,同时搭建平台让我承担教学活动展示、教学研究任务和市区组织的各项展示活动。从"九五"到"十二五",我的羽翼在冯老师的鼓励、培育中不断丰满,成绩与荣誉接踵而至,成为一名北京市区有影响力的优秀教师,职业获得了极大的发展和提高。

冯老师总是出现在我最需要、最无助的时候,她就是这样一位把教师放在心上,把孩子放在心里的好园长。没有冯老师,我可能已经趴倒在某个第一次。突破每一个"第一次"离不开冯老师的鼓励与支持,荣获每个"第一"同样离不开冯老师的培养与关爱。我庆幸自己在一幼这片宽松、自由、民主、和谐的舞台上茁长成长,庆幸与冯老师同行这22年!

(一幼本园原教师、现任一幼本园副园长　蔡涛)

(二) 我的引路人——冯园长

"聊"出来的"出口"。记得工作第八个年头时,我遇到了个人发展的瓶颈,怎么形容那时的自己呢?仿佛走进了一个巨大的迷宫,无论如何都走不出去,无比渴望通过各种努力让自己获得新的突破,找到正确的出口。可无论我多么努力地充电学习,否定、迷茫、焦虑、沮丧仍全面出击。细心的冯园长发现了焦躁的我,主动找我聊天,我就像竹筒倒豆子一样把自己的困惑、百思不得解的苦恼说了个痛快。我足足说了一个小时,冯园长始终静静地聆听我的倾诉。到现在我仍清晰地记得冯园长认真听我倾诉的样子，我也在那时充分体会到了与冯园长聊天的好处。

冯园长用心理解我的焦虑和苦恼，她四两拨千斤的安慰与指点，让我告别失眠，取而代之的是信心满满。我不再绕路而行，我鼓足勇气向瓶颈发起进军，向实际工作中的每一个困惑发起挑战。在冯园长的提示下，我先后对"教师语言的有效性""预设和生成的关系""生活经验的创造性讲述""信息技术在教学中应用策略的研究""绘本教学的策略"等展开实践研究，我体会到通过研究帮助孩子获得进步与自信的成就感，品尝着观察孩子、发现每一个未知教育契机的喜悦。经历了大胆实践，我将一个个思维火花转变为教学实践的快乐。每天都有新变化、每天都有新创造的幸福感开始充盈在我每日的工作中，我整理实践经验撰写文章均获市一、二等奖，陆续刊登在《学前教育》《中国现代教育装备》等杂志上。找到了迷宫的出口，让我获得了无法比拟的愉悦。

和冯园长聊天还有一个收获，源自于我作为一个母亲的成长。记得我参加东城区半日评优比赛时，恰逢女儿刚刚入园。作为妈妈，我要抚慰自己孩子入园适应期的焦虑，应对她每天的哭闹；作为教师，我又要把精力倾注在班上36个小朋友身上，全力以赴准备那场大赛。焦头烂额的我在和冯园长的聊天中茅塞顿开、烦恼顿消。冯园长引导我学会统筹，我开始尝试着处理"36"与"1"之间的关系，学习按先后顺序和轻重缓急把时间计划和幼儿发展相结合进行有效调配，学会把半日中发现的问题分项、分类处理逐步探索策略验证实施。这样的安排让我的工作时间每一分钟都有价值，也让我的家庭生活得到兼顾。当家人为我的每一个进步欢呼时，我由衷感激冯园长让我体验到事业和家庭竟然可以如此相容。

冯园长不仅是我事业上的引路人，更是生活中的智者，她一次次让我真正体会到"倾听"的魅力。

圆梦的时刻。2013年1月，冯园长为我们骨干教师搭建展示平台，召开了骨干教师经验交流大会。当我得知自己将成为第一个向一幼四所幼儿园介绍成长经验的教师时，我既激动又忐忑：这不仅是对我工作的认可、甚至超越了鼓励，更是帮助我梳理教育经验的好机会。但是怎么将零散的经验进行梳理？在有限的时间内究竟要介绍哪些内容？用什么样的思路和脉络与大家交流呢？

一遍又一遍，数不清和冯园长修改了多少遍发言稿，逐渐地将一个又一个零散的经验串起来。一遍遍推翻再建立再推敲的过程让我不断审视自己的教育行为，不断思索教育的真谛。越修改、越思考、越兴奋，迫不及待要将自己对孩子的观察和理解与大家分享。这种难以抑制的激动心情让我精益求精地制作PPT，审视每一个版面，力求展示尽量更清楚。

1月18日晚上的夜很漫长，那种对第二天充满期盼、恨不得时间过得再快一点儿的急切心情反而让我睡得很香很甜，第二天早上我很早就醒来，难以忘怀内心的激动和澎湃，当我站在台下凝望着大屏幕上一幼实验园团队为我制作的教师成长视频辑，一张张照片都如脚印般记载着我成长的足迹，每一段和孩子们相处的难忘瞬间都让我百感交集。工作十余年的我有这样的机会向大家展示经验，这无疑是十足的信任和鼓励，让我有机会做个敢于有梦、勇于追梦、勤于圆梦的人！在大会上，我用《我的学前教育创新观》向大家汇报自己对于工作的理解和经验。近两个小时的发言让我不断重温自己每一个转变，每一次和孩子互动的瞬间，每一个实践灵感的过程，以及这一路上虽苦犹甜的难忘历程。

那次大会冯园长还邀请了专家与各级领导，会上大家的点评既肯定了我的工作，同时又对我提出希望，这些都让我更进一步明确了今后的努力方向和目标，为我今后的工作方向奠定了基础。冯园长的良苦用心成就着我。

活动结束后让我不禁思索："心有多大舞台就有多大！"我是幸运的，源自于冯园长为我们每一位教师搭建着一个个圆梦的舞台，让我们有机会站在舞台中间尽情地展现自己对教育的理解。这不仅是汇报和展示活动，更让我学会了不断梳理教育行为思索教育规律，从而提高自我反思、总结提升的能力，收获系统整理工作策略的方法，学会主动有效地"穿项链"，从而更加用心珍惜和孩子们一起进步的时光，积累和孩子们在一起的经验。感谢冯园长让我获得了其他职业无法比拟的享受，坚定了我在专业发展的道路上不断超越自己的信心！

（一幼实验园原教师、现任一幼实验园保教主任　邓蕊）

第二节　对干部团队的领导

一、打造精良排头兵：名园要成为干部成长的摇篮

人才观念的转变是领导观念转变的重要内容。园长是一个幼儿园的领导者与管理者，思想上应树立一个全新的人才观念。这种全新的观念要求园长不但要有识才的慧眼、爱才的热心、举才的胆略、用才的气度，同时还要能做到在用人上人尽其才。慧眼识才，选好人、用好人，为幼儿园教职工的发展形成一种导向性。系统的科学的园所管理体系与制度让教职工感到公平、公正、有安全感。应该说，不会选人、用人、管人、影响人的园长，不是一名合格的园长。

选用一个合格干部，培养一名骨干教师，体现的是一项制度，反映的是一种观念，形成的则是一种导向。从这个意义上讲，用人导向问题是人才成长方向的指挥棒，是人才成长环境的决定因素，必然在一定范围内产生强大的导向作用：选什么样的人，用什么样的人，什么样的人就会迅速多起来。

随着幼教事业的蓬勃发展，优质教育资源的普及提上日程。一幼作为市级示范园，肩负着发挥优势辐射作用的重任。1997年后，一幼的老干部相继退休；之后，东城区为了加快优质园所发展的步伐，陆续又从一幼调出几名干部支援其他园所；再之后，为了缓解"入托难"，解决家长的后顾之忧，在区委、区政府的大力支持下，一幼又建立了多家分园，这一切的一切都对园所新干部的选拔和培养提出新的要求和挑战。

办园没有教职工是不行的，但没有得力的干部是万万不行的。为此，我结合一幼的实际，提出"在园内选拔、培养年轻干部"的发展思路，并将其作为组织工作的重点来抓，从多方面为后备干部的成长搭建发展的平台。

慧眼识才选拔干部。在园内选拔干部是我始终坚持的原则。因为，一幼是大园，是市级示范园，教师多，基础好，可选的范围大，理应成为干部成长的摇篮。但也有一定的难处，尖子教师较多，工作年限长的教师也

不少，选谁不选谁也不好操作。伸手向上级要干部也不是不行，但这不是我的工作风格，也不是一幼的作风。为此，在干部选拔的工作中，我们坚持公开、公平、竞争、择优的原则，构建能上能下、充满活力的培养管理机制。首先，我们打破论资排辈、求全责备、平衡照顾等陈腐观念，广纳贤才，不拘一格选干部，树立选人重实绩，用人看主流、看本质、看发展等观念。对选拔培养对象坚持高起点，要求德才兼备，要有较强组织能力、教育能力和教科研能力；其次，还要求要有较高的学历和文化水平，但又不唯学历。就这样一幼一批批年轻干部人选脱颖而出。

铺路搭桥培养干部。在对选拔出来的后备干部进行培养时，我们采取了分阶段的滚动式培养方式。具体的做法如下。

选拔阶段。我们主要是对预备人选进行综合考察，包括政治思想、工作态度、职业道德、团结协作和教育教学能力等，并以此作为衡量她们各种表现的标准，同时将考察结果在园内备案。

培养阶段。我们为确定的培养对象人选建立后备干部培养档案。园里根据她们的发展方向和需要，予以重点扶持培养，并提供有助于成长的支持条件。例如，由我或主管园长亲自帮助、指导，引领参与管理实践活动；参加教委后备干部培训班；外出考察学习等。整个培养过程实行滚动方式，每年度进行考核、评价，从而保证培养质量不断提升。

提高阶段。我们是从干部培养需要出发，更加注重干部实践经验、管理能力、自身素质的培养。如放手让年轻干部挑起重担，通过传、帮、带等方式及职、责、权、利到位等管理制度，帮助她们鼓足独立开展工作的勇气，在工作实践中增长才干，逐步掌握和提高教育管理的能力。放手让年轻干部干并不等于放手不管，新干部上任的第一次工作会、第一次总结、第一次检查指导，我都要事先帮助分析、指导，并亲临现场给予鼓励，目的是让新干部第一次工作在大家心目中是成功的，以此提高新干部的自信心和大家对她的信任感。在培养过程中坚持做到支持、理解、尊重、爱护，对于她们的优点和进步，要给予满腔热情的肯定和鼓励；对待她们的缺点和不足，也要及时给予批评指正；特别是对待她们的思想状态，要经常进行了解，鼓励她们进一步成熟、大胆、独立、富有创造性地开展工作。

干部队伍的建设也离不开制度做保障，建立和健全一套科学的、切合实际的管理制度，是保证干部队伍成长的必要保证。如一幼人事制度的改革，这些制度犹如一面面镜子，使干部们时时对照自己，勉励自己，促进了干部的思想作风、学习作风和工作作风的好转，促进了干部思想上和工作业务素质上的提高。尤其是民主管理制度的实施，在对干部的考核中建立了民主评议的公平、公开的测评方式，这样无论是对教职工代表还是对干部本人，都是严肃认真、客观公正的，干部、教师十分看重这种测评结果。

在干部的成长过程中，我们还不断根据干部队伍素质的现状和形势的变化，不断提出更高的要求，使干部队伍始终以崭新的精神面貌、先进的教育思想和优秀的道德品质，组织和带领教职工深化教育教学改革，推动园所科学、和谐地发展。

一幼是干部成长的摇篮，这是毋庸置疑的。但教委几次从一幼调干部到其他园就任，这让我感到压力很大。那时，我经常这样想：培养一位成熟的干部需要3~5年的时间，而在3~5天内就调走一名干部，这其中的感觉只有我自己才能感受得到。每次调出干部对我来说都是一次痛苦的抉择，总是在想：培养一名干部多不容易啊，刚刚能松把手了，又被调走，难道我们总是在为别人做嫁衣裳吗？面对上级领导的决定我不能不违心服从，而园里的工作我又不能不直接面对，人调走了，岗位空了，一切都要从头再来……特别是面对被调出的干部泪流满面、依依不舍、很不情愿地哭诉，让我欲说无话，欲哭无泪，只能是不断安慰、劝说，要服从组织的安排，服从组织的分配。

"不能总把干部揽在怀里。"这是我看到几位从一幼调出的干部发展得非常卓越后一种新的认识和感受。这几位被调出的干部走马上任，情绪还没有调整过来就投入到紧张的工作中，面对新环境、新工作、新的教师群体，那么多的困难，那么多的问题，那么多的不熟悉……特别是自己工资待遇还受到很大的损失（因那时还是结构工资，有一部分工资是各单位自筹的，因当时一幼的效益好一些，所以，相对结构工资高一些），但她们没有退缩，因为她们清楚自己是党培养出来的干部，肩负着幼教的责任和使命！而且，她们经历过一幼实践的洗礼，带有一幼的工作情怀，练就一身过硬的工作作风，任何困难和问题都是能够战胜的！

她们的业绩，她们的发展启发了我，教育了我，让我刮目相看。小鸟长大展翅飞翔，小草破土茁壮成长，青出于蓝而胜于蓝，这都是成长的规律。干部不是私有财产，"不能总把干部揽在怀里"，一幼之外有更广阔的天地，有更多、更大的能让干部和教师发挥、发展的空间。

二、干部成长的案例

（一）管理中体现传承

季羡林先生曾说过："学生不是教出来的，而是在一流的大师那里熏陶出来的。"这句话不正是道出了教育、管理的真谛吗？

从1996年走上管理岗位后，我庆幸自己身边有一位率先垂范的良师冯园长。冯园长在幼教界有着较高的声望，有着非常丰富的管理经验，在日常管理中，从她的身上，我学到了严谨务实的工作作风、科学规范的管理方法、张弛有度的管理艺术。她常说："管理需要智慧，使用即是培养。作为管理者要有较高的政治思想、专业知识、能力、身体、气质等素质。"在成长的道路上，是她督促我在管理实践中和谐成长，在工作磨炼中全面提高。

记得园里刚刚进行岗位聘用制改革的时候，一个因工作问题而被轮到机动岗的教师带着满心的怨气冲进办公室，声泪俱下地大声指责我为什么不让她上保育员岗。听到她偏颇激烈的言辞，我真是又气又恼，很不冷静地说："之所以会有这种结果，完全是你自己的所作所为，怪不得别人。"结果可想而知，不但没有平息矛盾，反而是火上浇油。哭闹声引来了冯老师，只见她心平气和地劝慰了这位教师，然后帮她分析了优势，指出了不足，并提出了今后努力的方向。过了一会儿，这位教师的情绪逐渐平稳下来了……一旁的我观摩了整个过程，身教重于言传，我为自己刚刚一时的冲动深深感到惭愧，随后，冯老师给我讲了管理的艺术，帮我分析这个教师的具体情况，我不禁惊讶她对员工是如此了解，包括她们的兴趣、爱好、脾气秉性、家庭……

而今，十几年来在管理岗位上的历练，我经历过课题研究遭遇瓶颈时的苦闷与纠结,分享过引领教师共同克服困难取得成功的喜悦,体会过培养教师成长所付出的艰辛和快乐,享受到了职业给我带来的无限乐趣和家长、孩子们给予我的无限尊敬和热爱……也基于此,我更加懂得了欣赏和传承的意义:以欣赏的眼光欣赏同伴、欣赏教师、欣赏孩子;用内心的修养和自觉的行动去传承一幼的优良传统,用不断的追求和创新去开创一幼美好的未来。它将促使我们为了一个共同的、美好的愿景而奋进。

鲁迅先生说过"教育植根于爱",爱是教育的源泉,是广博、深沉、无私的师爱在支持、帮助、鼓励、引导着我。我会一如既往地在自己所钟爱的事业上付出爱、传递爱、分享爱,与我们的教师们一道沐浴师爱的芬芳,享受师爱的甜蜜……

(一幼本园原主管园长、一幼园长　刘金玉)

(二) 新官上任三把火

2007年,对于我来说是我人生重大变革的一年。为解决入园难,扩大优质教育资源,鼓励名园办分园,东城区教委决定自2007年1月1日起将位于东直门的"东城职教中心幼儿园"正式并入一幼,更名为"一幼(分园)"。当时,我也被一幼任命为这所新园的主管园长(副园长),正式开始着手进行交接工作。

面对突如其来的新挑战,我是既兴奋又忐忑。兴奋的是这次提干标志着我多年努力工作得到了领导的充分肯定和信任,我可以在一个全新的平台上施展我的能力和才华。忐忑的是没有幼儿园管理经验的我,将单枪匹马地独自接手这个正处于周转阶段的幼儿园,对于如何开展今后的工作我心里真是一点儿底也没有啊!冯园长似乎看出了我的茫然,耐心地与我交谈:"这次的决定非常突然,你可能没有什么准备。没关系,园所交接的当天我和你一起去,下一步工作怎么开展我会一步一步教你如何去做,有什么困难和问题,咱们随时沟通。"

就这样,很快我就走马上任了。当我真正走进这所幼儿园,面对着破烂不堪的座椅、糊着塑料布的窗户、冬季13℃的室温、坑洼空无的操场,面对参差不齐的外来务工子女的幼儿群体、人心涣散的在职队伍和怨声载道的退休人员的时候,脑海中顿时一片混沌。东城区怎么可能还有这样的幼儿园?对于在一幼工作十几年的我来说,如今的这个幼儿园无论在物质环境方面,还是在人文环境方面都与我以往的经历形成了强烈的对比,一时间我的心理落差由沸腾降到了冰点。上任后没几天,我就发起了高烧。我顶着病痛,克服着心理上的压力,每天坚持上班。面对一天天看到、听到、经历到的种种恶劣的信息,于是乎有好一阵子,我跟"祥林嫂"一样天天追着冯园长诉苦,告诉她我所了解到的那些让我闻所未闻过的事情,描述我接手之后的种种困难,就像一个告状的孩子,追着家长痛哭流涕,寻求安慰似的……我清楚地记得,冯园长每次总是笑眯眯地听我唠叨,然后很耐心地帮我分析:"吕欣,你要知道,这个园正是因为有这么多的问题,所以教委才下决心把它给了一幼,希望通过一幼的管理把这所处于CBD商圈、大使馆周边这样黄金位置的幼儿园建设好。所以,你不用听教师说这个幼儿园的过去如何,过去的一页就算翻过去了,从今天起,大家谁都不要说过去的事情了,咱们的工作精力要放在调动教职工的积极性上和工作能力的培养上,我们关键要看看教职工能否在合并之后,有一个改头换面的精神面貌,能否在一幼精神的影响下尽快成长进步起来。"听了冯园长的一席话,我顿时从混沌中清醒了过来,立刻知道自己下一步要如何做了。

俗话说:"新官上任三把火。"我在冯园长一步步的指导下,首先"立足现状,从问题入手"。我们积极筹措资金改善教职工的工作条件,解决了全园的烧水问题,添置了开水器;结束了教职工带饭的历史,提供了可口的午餐;发放教职工工作服,调整园所整体精神面貌;改善了长期的退休职工无人过问的现状,走访慰问了住院和所有的退休教职工;为孩子们改善了户外活动场地,添置了设备。其次"搭建平台,从方法入手"。一方面,我们充分利用学区资源与二幼、新中街等姊妹园相互学习、相互交流;另一方面,充分借助一幼丰富的教育资源,将一幼成熟教师与本园骨干教师结对、青年教师与成熟教师结对并分层打造,为她们提供了不同层次的学习机会,促使不同层次、不同特点的教师相互交流、各取所需、共同发展。同时,积极开展教研活动,帮助教师参加区级中青年优秀骨干教师评选工作等。最后是"打造队伍,从制度入手",队伍是人才兴园的基础，为孩子的快乐人生奠基依赖于一支优秀的、追求卓越的教职工队伍。我每周都坚持业务学习和政治学习轮换制，每次学习我总要抽出一点儿时间，学习幼儿园各项规章制度，如教科研制度、卫生保健制度、家长联系制度、教育评价制度、幼儿发展情况汇报制度等。特别是针对幼儿园现状开展集体备课制和大活动轮换制，提升全体教师的业务能力，锻炼促进教师的全面发展，如渗透一幼的"五项育人工程"和"十项育人法"等，为教师的成长提供必要的保障。

新官上任的这三把火，可以说是：烧掉了陋习，指明了方向，凝聚了人心，点燃了希望。一幼分园也由此有了可喜的变化……

（一幼海晟分园原主管园长、一幼海晟分园园长　吕欣）

（三）迎接人生的新挑战

2012年6月的一天，冯园长将我叫到办公室，语重心长地对我说："魏家分园马上就要成立了，你来担任这个园的主管园长吧。"这句话说完，我愣住了："我能做好这项工作吗？"我对全园管理工作一无所知、无从下手，思想上的压力非常大。我思考了一下，对冯老师道出了我的心声："我自己觉得我这个人在管理工作中的力度不够，依赖心理也比较重，以前是因为总有您和刘园长在背后支持我、帮助我、指导我，所以我才能做好。如果让我一个人来面对这一切，我觉得我还是有些心有余而力不足。"面对我的困惑，冯园长说："你在本园担任保教主任一职，在教育教学、教师队伍的培养及日常管理等方面都做得很好。你还有一个很大的优点就是踏实、肯付出，群众关系也很好，这些都是作为一个主管园长所需要的条件……再有如果遇到困难和问题，还有我和几个园的领导都会帮助你的，这是一次很好的锻炼机会，也是你自身发展的一个新的转折点，抓住这次机遇，你会有更大的提高。人不要害怕挑战，要迎难而上，才能更好地实现自己的人生价值。"

在冯园长与我的谈话后，我的生命翻开了崭新的一页。魏家分园一接手面临的是新园的筹建、老园的维修、新班子的组建、新环境的适应、新园长的管理模式等，这些任务和困难对刚作为园长的我来说是一项艰苦的

我对一幼的领导与管理

挑战。每当遇到困难时,冯园长总会及时地出现在我们的面前,帮助我们出主意、想办法。例如,我们没有装修的经验,冯园长在百忙之中,冒着酷暑,抽出时间与我们一起到建材城选购材料,瓷砖的颜色、防火板的色彩、教室的整体色调等,包括幼儿睡觉的垫子的选择都一步一步地指导我们,让我们感觉到有了主心骨。当园里水表流量不够需要更换时,冯园长又马上找上级单位进行协商解决,使园所能正常运行。还有许多细小的事情,冯园长会时刻提醒我们、帮助我们。在冯园长的信任、鼓励下,魏家分园2012年9月正式开园了。随后魏家分园又迎来了一级一类的上级上类验收活动,这是我们首次接待如此大型的活动。汇报稿的撰写修改、教学活动的开展、如何展示园所的亮点、如何接待验收人员等事项冯园长都事无巨细,一一与我们进行手把手的传递,让我们在此次接待活动中增长了接待经验,提高了管理能力,促进了教师队伍的发展及幼儿能力的提升。

在主管园长的岗位中,我也时刻牢记冯园长的话:"要做好管理工作,管理者必须要具备良好的自身素质,有为才能有位。"管理工作没有最好,只有更好。"精益求精"是我给自己定的目标。面对当今不断深入的教育改革新形势,要达到"精"单靠埋头苦干肯定不行,适时总结工作中的得失,不断积累各方面的经验,是工作中不可或缺的重要内容,为了尽快提高自己的管理水平,工作中遇有收获我会及时记录下来,并经常向园长及幼教前辈们讨教,学习先进的管理经验,尽可能地阅读专业书籍,及时掌握新的教育信息,以适应时代的发展和工作的需要。既要懂业务,具有指导教育教学和教育科研活动的能力,又要做到一专多能、博学多才,成为全园教职工政治上和业务上的"领路人",精益求精、脚踏实地、实实在在地办好幼儿园每一件事,把魏家幼儿园办成一所让老百姓满意的优质、普惠幼儿园。

(一幼魏家分园、吉祥分园主管园长　迟芳)

(四) 我和冯园长之间的二三事

2001年7月,怀揣着对学前教育事业的喜爱,我来到了一幼。还记得第一次到园里面试,是冯园长亲自跟我谈的话,那时她温婉的气质和温暖的笑容就让我心生向往。一晃16年过去了,我从一名青涩的大学生成长为一名年轻的园长,过往的点点滴滴,冯园长的谆谆教诲给我的心灵打开了一扇扇窗,使我沐浴在智慧的阳光中,于恍然大悟之际不断品味管理的艺术和教育的真谛。

作为一个缺乏实践经验的大学生,从到一幼的第一天起,冯园长就要求我进班承担一线的带班工作。由于经验不足,我"满腹经纶"却运用不到与幼儿交往的实践中,经常遇到各种困难,体会不到成就感。经过两年的挣扎,我产生了强烈的挫败感,终于忍不住推开了冯园长办公室的门。冯园长微笑着听我述说自己在工作中种种的失落,冷静地帮我分析能力结构中优长的部分和不足的地方,既鼓励我发挥特长,将科研能力作为自己的优势加以保留,又指出一线工作经验对于我未来发展的巨大支持作用。她说:"无论未来你是想做教研工作还是想做科研工作,你都需要了解一线教师工作的内容,体会她们的困惑,理解她们在工作中的喜怒哀乐。这样你才能做真正有价值的研究,用理论改变实践,促进教师的专业成长!"

在冯园长的鼓励下,我又在一线坚持了两年,才开始出班做管理。10多年过去了,冯园长当年对我说过的话一直在耳边萦绕。无论是管理还是研究,我都会站在教师的角度思考,思考怎样才能够最大限度地支持教师的工作,怎样为他们营造关爱、尊重的成长环境,就像教师应该成为最懂孩子的人一样,我也始终要求自己成为最懂教师的管理者。正是秉承这样的理念,在冯园长的带领下,一幼实验园在教师专业发展和教育研究方面取得了一系列成绩,成为北京市学前教育改革与发展的一畦试验田。

2009年,我在管理岗位已经锻炼了三四年。由于自身理论上的优势,我做业务干部做得得心应手,园所的科研工作和教研工作都取得了很多成果,但是自己在管理和交往中的不成熟也带来了一些问题。面对这些问题,我开始自我怀疑。他人评价的只言片语、教师们对我指导偶尔的不信服都会让我心情起伏,让我怀疑自己能否真正成为一名优秀的管理者。我多么希望自己能像一些干部那样开朗活泼,用激情带动团队,更羡慕一些干部善于与人交流、沟通,三言两语就让大家成为他的朋友。而这些能力,当年的我都不具备。

察觉到我的痛苦之后,冯园长又和我谈了一次话。我问冯园长:"怎样转变自己,才能让大家更喜欢我?"冯园长体会到了我的敏感与内向,肯定了我对自己的严格要求,提出了一个观点:"每个人都有自己的个性和优长,完全不需要羡慕别人,做好自己最重要。把每一个人都当作资源,学习人家做得好的地方,但是也要肯定自己的优势,把优势发挥到最大就好了!"在人际交往方面,她希望我能够做到"心胸宽阔,对他人尊重、礼貌,只要行为正派,时间长了,大家自然会了解你"。现在想来,冯园长对我的指导真是"一针见血",实在太重要了。虽然我早早走上管理岗位,但是却缺乏时间打磨后的成熟。冯园长让我知道,我们每个人都不可能成为所有人都喜欢的人,只有悦纳自己,构建一套完善的心理体系,才能抵抗挫折、不断成熟,成为更好的自己。

后来,随着园所工作的需要,我又开始承担主管园长的工作。新的平台给了我更大的挑战,工作中既有成功的经验,也夹杂着失败的苦涩。冯园长了解我的个性,更多的是肯定和鼓励,但一旦真的出现重大问题,她也会及时指出。对于自尊心颇强的我,她直言劝诫:"要经历风雨,才能成长!"

"世事洞明皆学问,人情练达即文章。"她对我为人处世方面的引导,缩短了我独自摸索的时间,使我现在能够基本胜任园长的工作。良师益友,莫若如此。

一幼实验园在管理上有个创新的举措,就是请中、大班幼儿到公共餐厅进餐,这样做一是为了减轻班级的卫生负担,给孩子留下更多的活动空间;二是为了促进各班幼儿之间的交流,培养儿童的自主管理能力。

有一天,冯园长来到实验园指导工作。她在孩子们早餐时间里来到公共餐厅。我跟在她的身后,怀着忐忑又好奇的心情想看看冯园长是怎样评价实验园的工作的。她很快发现了孩子们进餐中的小问题:孩子们没有自主分发餐具的环节、有部分幼儿进餐速度过快、收餐具的时候也有些班级不太有序。于是,她就和一幼主管餐厅工作的保健大夫进行交流。针对刚才的问题,大夫很直率地发表了自己的看法:"让孩子分发餐具太慢,常规不好培养,我们更关注孩子吃东西的量……"这个时候,冯园长很坚决地重申了自己的观点:"餐厅固然是要让孩子们吃得好,同样也需要培养孩子自我服务和自我管理的能力。公共餐厅与班级进餐相比有其自身的特点，但也必须要建立合适的常规，餐厅里要有'保'更需要有'教'。"在冯园长的坚持下，大夫表示接下来去细致研究常规问题。我在旁边听着，一边叹服冯园长的管理力度，一边不断反思自己工作中的问题：针对德高望重的老保健，我是否一直具备这样坚持原则的勇气和态度呢？……

在冯园长的指导下，一幼的公共餐厅建立了一整套培养幼儿自我管理、自我服务的进餐常规，并贴在餐厅里大家一起执行。事后，冯园长专门就管理工作中发现问题的能力和解决问题的力度与我做了沟通。我从中体会到了她亲自指导、垂范管理背后的苦心，那是一种对年轻干部的理解和爱护，是对我们手把手的教导。她知道面对老同志，年轻干部需要有更多直面问题的勇气。管理工作就是解决一个又一个困难的工作，每个人都有不同的个性，领导干部要敢于担当，遇见问题不能绕着走。冯园长上的这一课让我受益匪浅。

（一幼附属实验园原主管园长、现任一幼附属实验园园长　彭迎春）

编 后 记

为了总结推广北京市中小学、幼儿园优秀教师和干部的工作经验，鼓励他们著书立说，并在社会上确立他们的学术地位，大力推动教育科学研究，北京市委和市政府决定，编辑出版《北京教育丛书》。我们根据市委和市政府的决定，遵循理论联系实际、继承与创新相结合的原则，进行了编辑工作，力求这套丛书的出版能够有利于推动教育科学研究，有利于推动教育改革与创新，有利于提高基础教育的水平，有利于促进校长和教师专业发展。适应教育现代化发展的新形势，组织广大教师著书立说是一件新的工作，由于我们的经验、水平有限，难免有不妥之处，恳请读者不吝赐教。

《北京教育丛书》编委会
2018年6月